Geboren
in der
DDR

Julia Karich

WIR
vom
Jahrgang
1982

Kindheit und Jugend

Wartberg Verlag

Impressum

Bildnachweis:

Archiv der Familie Karich: S. 4, 6 o., 8, 9 u., 11 – 15, 20, 23, 25, 28, 29, 30, 34, 35, 38 u., 41 – 44, 49 o., 50, 52, 53, 54, 56, 57, 59 – 62 l., 63; Archiv der Familie Karich, Foto Patrick Sinkel: S. 5, 6.u., 9 o., 19, 31, 32, 33, 37, 38 o., 40, 49 u.; Bundesarchiv Leipzig: S. 26, 27; Kristin Baumann: S. 46; Internet/unbekannt: S. 47; THW: S. 55;

ullstein bild – AP: S. 7, 21; ullstein bild – Schneider: S. 10; ullstein bild – KPA: S. 16, 18 u.; ullstein bild – Scheel: S. 17; ullstein bild – Winkler: S. 18 o.; ullstein bild – Bildarchiv: S. 22; ullstein bild – Chaperon: S. 58; ullstein bild – CARO/Batsian: S. 62 r.

Einen herzlichen Dank an alle, die sich kompromisslos und schmerzfrei mit mir in ihre Kindheit und Jugend gestürzt haben und den vielen verschwommenen Erinnerungen ihre Form gegeben haben.

1. Auflage 2009
Alle Rechte vorbehalten, auch die des auszugsweisen
Nachdrucks und der fotomechanischen Wiedergabe.
Gestaltung und Satz: Ravenstein und Partner, Verden
Druck: Hoehl-Druck Medien + Service GmbH, Bad Hersfeld
Buchbinderische Verarbeitung: Buchbinderei Büge, Celle
© Wartberg Verlag GmbH & Co. KG
34281 Gudensberg-Gleichen • Im Wiesental 1
Telefon: 0 56 03/9 30 50 • www.wartberg-verlag.de
ISBN: 978-3-8313-1982-4

Liebe 82er!

Böse Zungen würden behaupten, wir gehen mittlerweile stark auf die dreißig zu. Aber haben wir nicht gerade noch das Ende unserer Schulzeit begossen, unsere Ausweise gefälscht und in der Führerscheinprüfung gezittert? Die Zeichen der Zeit machen auch vor uns nicht Halt, so viel steht schon mal fest. Nicht jeder ehemalige Lehrer erkennt uns heute noch auf Anhieb auf der Straße und wenn uns der erste Jugendliche im Bus höflicherweise seinen Platz anbietet, gibt es nichts mehr zu beschönigen – auch wir werden älter.

1982 – ein Jahrgang zwischen DDR und BRD. Geboren im Schoße des Sozialismus, waren unsere ersten Lebensjahre gleichzeitig die letzten Jahre der Deutschen Demokratischen Republik. Doch ehe wir uns der Tragweite und Brisanz dieser Situation bewusst werden konnten, kam der politische Umsturz. Ein Jahr, nachdem wir als frischgebackene Abc-Schützen die Feierlichkeiten zum 40. Jahrestag der DDR verfolgt hatten, feierten wir mit unseren Eltern bereits die Wiedervereinigung Deutschlands, ohne den Unterschied wirklich zu begreifen. In den folgenden Jahren wuchsen wir in einem frisch vereinigten Deutschland heran, das genau wie wir noch in den Kinderschuhen steckte und nicht genau wusste, wohin es gehen soll. Aber mit der Zeit kamen auch die Veränderungen. Aus Pionieren wurden Punks, aus Schreibmaschinen wurden Laptops, aus Telefonen mit Wahlscheiben wurden Handys im Streichholzschachtelformat und aus den Abc-Schützen von damals wurden die Erwachsenen, die wir heute sind.

Zeit, einmal zurückzuschauen und mit ein bisschen Wehmut in den guten alten Zeiten zu blättern. Viel Spaß und Freude wünscht eine von euch.

Julia Karich

Gestatten – geboren 1982

Das 1. bis 3. Lebensjahr

Schöne neue Welt

1982 war die DDR auf dem Papier bereits pleite und ohne den großen sowjetischen Bruder wirtschaftlich erledigt. Trotzdem gab es noch 1000,- Mark staatliche Beihilfe zur Geburt. Unsere Mamas waren selten älter als 25 Jahre, in der Regel berufstätig und obendrein meist sogar schon zwei oder drei Jahre verheiratet. Der heilige oder zumindest der staatliche Bund der Ehe hatte in der DDR durchaus Vorteile. Es gab Hilfe bei der Wohnungsbeschaffung und -einrichtung und erneut eine staatliche Prämie in Form eines zinslosen Kredites in Höhe von 5000,- Mark. Allerdings wurde dieser Kredit ab 1981 auch auf alle Zweitehen ausgedehnt, was eventuell der hohen Anzahl an Scheidungen Rechnung trug. In puncto Namensgebung mochten es unsere Eltern eher schnörkellos, ohne Zweit-

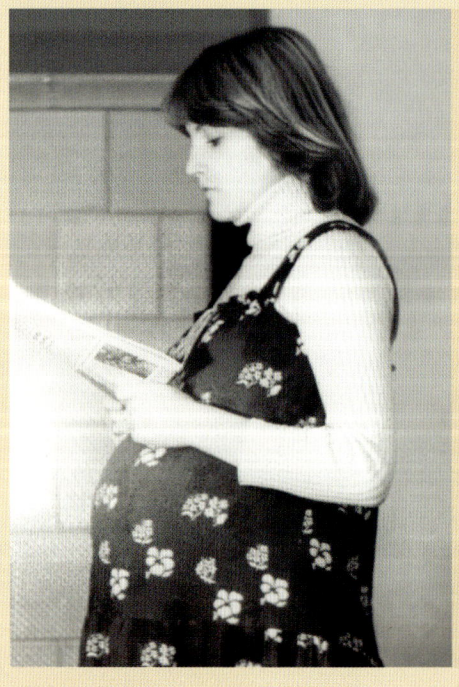

Wir werden bereits sehnsüchtig erwartet.

Chronik

25. März 1982
Die DDR legalisiert mit dem „Grenzgesetz" den Schießbefehl an der Grenze.

24. April 1982
Mit dem Titel „Ein bisschen Frieden" gewinnt die Sängerin Nicole den „Grand Prix Eurovision de la Chanson".

11. Juli 1982
Italien gewinnt mit 3:1 in Madrid die Fußball-WM gegen Deutschland.

1. Oktober 1982
Helmut Kohl wird neuer deutscher Bundeskanzler.

25. April 1983
Das Nachrichtenmagazin stern gibt exklusiv den Fund der Hitler-Tagebücher bekannt. Sie werden einige Wochen später als Fälschungen enttarnt.

1. September 1983
Die sowjetische Luftwaffe schießt eine vom Kurs abgekommene Boeing 747 der Korean Airlines ab. Alle 269 Insassen sterben.

23. Dezember 1983
Zwei DDR-Grenzsoldaten durchschwimmen den Teltowkanal und erreichen unbemerkt Westberlin.

8. Mai 1984
Eine DDR-Tournee des Rockmusikers Udo Lindenberg wird von der FDJ abgesagt, weil Lindenberg sich weigert, sein Programm nach den Wünschen der Funktionäre auszurichten.

28. Juli – 12. August 1984
Die Olympischen Sommerspiele finden in Los Angeles/USA statt. Als Revanche für den Boykott der Olympischen Spiele in Moskau 1980 sagen alle Ostblock-Staaten außer Rumänien die Teilnahme ab.

11. September 1984
US-Präsident Ronald Reagan verkündet bei einer Mikrofon-Sprechprobe die Bombardierung der Sowjetunion (und bedauert später den „Scherz").

14. Dezember 1984
In Prag beginnen in der Deutschen Botschaft 40 von 68 DDR-Flüchtlingen einen Hungerstreik, um ihren Forderungen nach Ausreise in die Bundesrepublik Nachdruck zu verleihen.

Die ersten Glückwünsche kommen per Telegramm.

namen und komplizierte Namensgebilde. Genauso schnörkellos hielt man es in der DDR mit der Religion. Namensweihe und Jugendweihe statt Taufe, Kommunion und Konfirmation. Standesamtliche Hochzeiten und viel unverschüttetes Taufwasser.

Und jetzt kommen wir

Unsere Eltern hatten die eigene Sturm-und-Drang-Phase mit durchschnittlich Anfang zwanzig noch lange nicht hinter sich. Nicht wenige Väter rauchten ihre letzte Zigarette vor dem Kreißsaal der Frauenklinik, bevor sie den ersten Schrei des Neugeborenen hörten. Jetzt war man also zu dritt oder statistisch betrachtet auch gerne bereits zu viert. Den alltäglichen Aktivitäten tat das keinen Abbruch. Wir Kinder wurden einfach überallhin mitgenommen und waren auch immer gern

Endlich zu Hause, da freuen sich wirklich alle.

Money for Milk

gesehen. Schnell wurden wir in alle gesellschaftlichen Bereiche integriert. Bei Fragen zu Schnullern, Windeln und Stillen stand ein Kollektiv an Hilfsbereitschaft in Form von Familie, Freunden und Mütterberatung den jungen Eltern tatkräftig zur Seite. Und so machten wir unsere ersten tapsigen Schritte in eine scheinbar harmonische und perfekt strukturierte Gesellschaft. Sorgen um unsere noch junge Zukunft mussten sich unsere Eltern nicht machen. Kinderkrippen-, Kindergarten- und Grundschulplatz schenkte uns Vater Staat quasi zur Geburt.

Bevor wir in den Genuss der wirklich harten Sachen, wie zerstampften Kartoffeln, Haferschleim und Möhrchenbrei kamen, stand nur eine Nahrung auf dem Speiseplan – die Muttermilch. Das Stillen war in der DDR nicht nur erwünscht, sondern sogar staatlich subventioniert. Bei vorbildlichem Stillverhalten und erfolgreichem Nuckeln gab es einen Stempel in die staatliche Mütterstillkarte und einen kleinen Obolus in Form von harter Währung. Bei guter Zusammenarbeit konnten Mutter und Kind bis zu sechs Monate zusätzlich zehn Mark im Monat in die Haushaltskasse pumpen.

Jede Menge Stempel in der Mütter- und Stillkarte.

1982 – Ein guter Jahrgang

10. Feb.	Tom Schilling, deutscher Schauspieler
25. Feb.	Lars Kaufmann, deutscher Handballspieler
28. Feb.	Axel Stein, deutscher Comedian und Schauspieler
3. März	Jessica Biel, US-amerikanische Schauspielerin
24. März	Elisabeth von Thurn und Taxis, Prinzessin des Adelshauses von Thurn und Taxis
5. April	Thomas Hitzlsperger, deutscher Fußballer
24. April	Kelly Clarkson, US-amerikanische Popsängerin
30. April	Kirsten Dunst, US-amerikanische Schauspielerin
17. Mai	Tony Parker, französischer Basketballspieler
14. Juni	Lang Lang, chinesischer Klaviervirtuose
21. Juni	William Arthur Philip Louis Mountbatten-Windsor, britischer Thronfolger aus dem Haus Windsor
3. Aug.	Robert Stadlober, österreichischer Schauspieler
13. Okt.	Ian Thorpe, ehemaliger australischer Schwimmprofi, fünffacher Olympiasieger
22. Dez.	Britta Heidemann, deutsche Degenfechterin

Eine von uns – Jessica Biel.

Stubenrein

In den nächsten Wochen und Monaten galt es erst einmal, die wichtigsten Grundlagen des Lebens zu erlernen. Baumwollwindeln hatten sich modisch noch nicht durchgesetzt, also sollte das Kind über kurz oder lang stubenrein gemacht werden. Diese ganze Topfgeschichte kam uns anfangs aber eher suspekt daher. Statt die ganze Prozedur wie bisher unauffällig und mit Pokerface in den dicken Lendenschurtz abzudrücken, sollten wir uns jetzt quasi mitten in den Raum setzen und unter gespannter Beobachtung diesen Plastiknapf voll machen. Nach längeren Sitzungen quälten wir ein erschöpftes „fertig"

7

und fürs ordnungsgemäß erledigte Geschäft gab es aufmunterndes Lob und Händeklatschen. Richtig aufregend wurde das Ganze auf der großen gruseligen Kloschlüssel, wo Mama immer bei uns bleiben musste, vor allem, wenn wir mal wieder an der Perlenkette geknabbert hatten oder kleine Spielfiguren nach einer langen Reise wieder ans Tageslicht kamen.

Holt mich hier mal jemand runter?

„Wenn notwendig, dann treffen mit dem ersten Schuss"

Am 25. März 1982 verabschiedet die DDR-Volkskammer das Gesetz über die Staatsgrenze der DDR. Mit dem so genannten Grenzgesetz gibt die SED-Führung den Todesschüssen an der Grenze eine gesetzliche Fassade. „Wenn notwendig, dann treffen mit dem ersten Schuss" heißt es in einem Redemanuskript von Klaus-Dieter Baumgarten, Chef der DDR-Grenztruppen, zur Durchsetzung des Grenzgesetzes in der Truppe. Der „richtige und wirksame Einsatz der Schusswaffe" gegenüber in der Regel unbewaffneten Flüchtlingen wird per Gesetz zur Pflicht erklärt und bekommt ideologische Legitimation. Denn noch nie zuvor „in der Geschichte unseres Volkes" seien „Waffen für eine edlere Sache getragen" worden, heißt es in einem geheimen Schreiben zur „Klärung politisch-ideologischer Probleme beim Schusswaffengebrauch". Nur vier Tage später fährt ein Landwirt aus einem thüringischen Grenzort mit seinem Schaufelbagger bis zum äußersten Grenzzaun und springt vom Bagger auf die Westseite des Zaunes. Nach vereinzelten Warnschüssen töten die DDR-Grenzsoldaten den Flüchtenden mit gezielten Schüssen. Die BGS-Beamten stehen nur wenige Meter entfernt, können aber nicht eingreifen, da sich der Flüchtende noch auf DDR-Gebiet befindet.

Wir wollen hoch hinaus

Das ewige Krabbeln auf allen Vieren konnte ja irgendwann nicht mehr alles sein. Also versuchten wir, früher oder später, unsere Perspektive von Knöchel auf Kniehöhe zu verlagern. Dieses Unternehmen entpuppte sich als Kommandounterfangen, das unsere ganze Aufmerksamkeit und Fitness erforderte. Mit unendlichem Ehrgeiz versuchten wir, uns an allem, was halbwegs stabil aussah, hochzuziehen und in eine aufrechte Position zu versetzen. Die ersten Versuche landeten eher unelegant auf dem in Baumwollwindeln gebetteten Hintern. Das eine oder andere Möbelstück wurde auf der Suche nach der perfekten Gehhilfe auf Herz und Nieren geprüft, versagte aber im Belastungstest kläglich. Als nützlicher und unerlässlicher Helfer auf dem Weg zum aufrechten Gang offenbarte sich bald ein halbhohes Holztischchen, welches fortan mit nicht enden wollender Begeisterung durch die ganze Wohnung geschoben wurde. Die deutlichen Teppichfurchen zeugten noch lange von den ersten Gehversuchen, die letztendlich mit den ersten wackeligen aber selbständigen Schritten in den Armen der stolzen Oma endeten.

Geschützt und behütet durchs Leben

Das Gesundheitsvorsorgesystem der DDR, zumal für Kinder, kann durchaus als vorbildlich bezeichnet werden. Bis zum Jahre 1989 zeigt sich eine lückenlose Reihe durchgeführter Impfungen und Vorsorgeuntersuchungen im handlichen roten DDR-Impfausweis. Die neu gewonnene Eigenverantwortung nach 1989 zeigt sich deutlich in einem abrupten Ausbleiben der Eintragungen. Nichtsdestotrotz löst der mit Hammer und Sichel verzierte Pass bei heutiger Vorlage gegenüber west-

deutschen Ärzten nach wie vor tiefe Bewunderung aus. Dank jener penibel geführten Impfausweise wissen wir nicht nur, wann wir unsere ersten Schritte gemacht oder selbständig frei sitzen konnten, sondern bekommen unter der Rubrik „Angaben der Mutter" auch noch die Informationen über unsere persönliche Veranlagung zur Trockenheit und Windelfähigkeit vor Augen geführt.

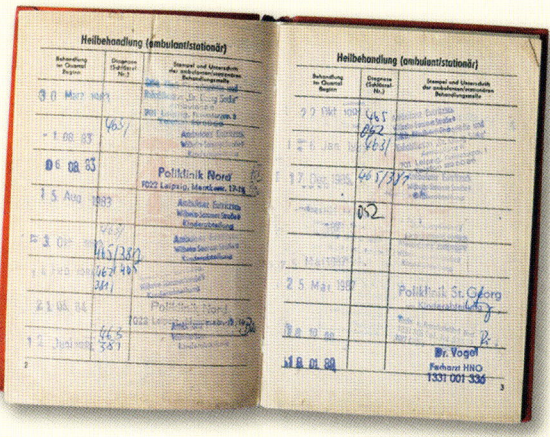

Lückenlose Vorsorgeuntersuchungen und Impfungen bis 1989.

Mit der richtigen Gehhilfe klappt's auch mit dem Laufen.

Die ersten tapsigen Schritte.

Auch in der DDR gibt es eine aktive Friedensbewegung.

Friedensbewegung

Die Angst vor einem drohenden Atomkrieg führt Anfang der 80er-Jahre in vielen westlichen Staaten zur Entstehung von Friedensbewegungen, deren Anhänger energische Abrüstungsmaßnahmen im Rüstungswettlauf der beiden Supermächte fordern. „Frieden schaffen ohne Waffen" lautet das Motto der stetig wachsenden Bewegung. Da beide deutsche Staaten von einem atomaren Konflikt der Supermächte unmittelbar betroffen sind, entsteht auch in der DDR, als einzigem Land des Ostblocks, eine vom Staat und seinen Parteien unabhängige Friedensbewegung. Mitte der 80er-Jahre differenziert sich die Friedensbewegung in der DDR und es entstehen verschiedene Gruppierungen mit unterschiedlichen Interessen. Darunter auch die „Initiative für Frieden und Menschenrechte". Die bewusst politischen und sich selbst als Opposition begreifenden Gruppen sind klein und eher auf Großstädte begrenzt. Ihre wichtigsten Ziele bestehen darin, die DDR zu demokratisieren, Reisefreiheit und andere Menschenrechte durchzusetzen und rechtsstaatliche Strukturen zu schaffen. Im November 1987 eskaliert der Konflikt zwischen dem SED-Staat und den Oppositionsgruppen. Der Überfall von Mitarbeitern des Staatssicherheitsdienstes auf die Berliner Umweltbibliothek, zahlreiche Verhaftungen und die Ausweisung mehrerer Bürgerrechtler führen zu einer DDR-weiten Solidarisierung von Anhängern der Friedensbewegung mit den oppositionellen Gruppen. Die Solidarisierungswelle hält bis 1989 an und führt damit zu einer neuen Bürgerbewegung. Die traditionellen Friedensgebete in der Leipziger Nikolaikirche werden zum Ausgangspunkt der späteren Montagsdemonstrationen und damit ein wesentlicher Bestandteil der friedlichen Revolution und Wende 1989.

Der erste Wagen und die erste Liebe

Die Kinderkrippenzeit war eine aufregende und bunte Zeit. An jeder Ecke gab es etwas Neues zu entdecken. In unserem kindlichen Mikrokosmos war der Weg zur Kinderkrippe ein einziger Abenteuerpfad. Wenn wir nicht gerade die Steine am Wegesrand nach ihrer geologischen Herkunft untersuchten, schoben wir stolz unseren ersten eigenen Wagen vor uns her. Der schnittige Stockwagen sollte uns komfortabel und zügig zur Kinderkrippe und nach Hause befördern. Wir fühlten uns natürlich viel zu groß und erwachsen, um uns ohne Protest in einen Kinderwagen

Zwei ganz dicke Sandkastenfreunde.

Unser ganzer Stolz – der erste eigene Stockwagen.

setzen zu lassen. Also steuerten wir das uns überragende Gefährt selbständig durch den Asphaltdschungel. Nur bei totaler Müdigkeit überließen wir unseren Eltern das Steuer und dösten zufrieden beim ständigen Geruckel ein. In der Gemeinschaft der Kinderkrippe gab es eigentlich immer etwas zu tun. Die Stätten der Kinderbetreuung wurden in einer Gemeinschaft von Erzieherinnen, Eltern, Kind und Kegel in Eigenleistung verschönert und liebevoll hergerichtet. Nachdem wir die zarten Bande der ersten Sandkastenfreundschaft mit einem Förmchentausch besiegelt hatten, schlenderten wir mit unserem neuen besten Freund Händchen haltend nach Hause, während Papa den Stockwagen schob.

11

Die Kindergartenzeit – Ringelpietz mit Anfassen

Das 4. bis 6. Lebensjahr

Was kostet die Welt

Als Gummistiefel zwecks Zahnlücke noch Bummibiefel hießen, da war die Welt noch in Ordnung. Bummibiefel an, Latzhose hoch, Trainingsjacke drüber und raus aus den vier Wänden. Die ganze Welt war ein Abenteuerspielplatz. Die Geschlechtertrennung unter uns Kindern war weitestgehend aufgehoben, denn in diesem Alter wollten alle Mädchen kleine Lausbuben sein und genauso im Dreck spielen und auf Bäume klettern wie die Jungs. Wir spielten im Kohlekeller fangen und liefen hinterher durch die frische Wäsche der Nachbarn oder wir standen kniehoch im Schlamm, um in irgendeinem dreckigen Rinnsal einen Staudamm zu bauen. Der erste Junge allerdings, der sich traute, ohne die peinlichen Stützräder an unseren Fahrrädern durch den Park zu fahren, führte die Geschlechtertren-

Können wir losdüsen?

Chronik

11. März 1985
Michail Gorbatschow wird neuer Generalsekretär der KPdSU.

11. Juni 1985
Auf der Glienicker Brücke in Berlin findet der größte Agentenaustausch seit 1945 statt. 25 Westagenten werden gegen vier Ostagenten ausgetauscht.

7. Juli 1985
Boris Becker gewinnt mit 17 Jahren als erster Deutscher und jüngster Tennisspieler aller Zeiten Wimbledon.

1. September 1985
Das Wrack der 1912 gesunkenen Titanic wird in fast 4000 Meter Tiefe vor der Küste Neufundlands gefunden.

28. Januar 1986
Kurz nach dem Start explodiert die amerikanische Raumfähre „Challenger". Alle sieben Besatzungsmitglieder kommen bei der bisher schwersten Katastrophe der Raumfahrt ums Leben.

27. Februar 1986
Der schwedische Reformpolitiker und Regierungschef Olof Palme wird auf offener Straße erschossen.

26. April 1986
In dem Kernkraftwerk von Tschernobyl schmilzt der Reaktorkern und verursacht die bisher größte Katastrophe in der Geschichte der friedlichen Nutzung von Atomenergie.

16. Oktober 1986
Reinhold Messner hat als erster Mensch alle 14 Achttausender bestiegen.

29. Januar 1987
Gorbatschow verabschiedet das Reformprogramm der „Perestroika".

23. März 1987
Nach parteiinternen Differenzen erklärt Willy Brandt nach 23-jähriger Amtszeit seinen Rücktritt als SPD-Parteivorsitzender.

8. Dezember 1987
Reagan und Gorbatschow unterzeichnen den INF-Vertrag über den vollständigen Abbau aller nuklearen Mittelstreckenwaffen

Nicht ohne unsere roten Gummistiefel.

nung schlagartig wieder ein, denn er war ab jetzt ein umschwärmter Held und die letzte Sandkastenfreundschaft schon eine Weile her.

Kleiner Laushub.

13

Ich bin der König der Loipe.

Soooo viel Glitzer.

Deutschland – ein Wintermärchen

Bahn frei, Kartoffelbrei, ich komme! So und ähnlich kampfesmutig kündigten wir unsere waghalsigen Schlittenabfahrten an, wenn wir uns beim ersten Schnee tollkühn auf Plastiktüten oder stilvoll auf riesigen Holzschlitten die Hänge in der Umgebung herunterstürzten. Jede freie Minute tobten wir in der weißen Pracht herum. Wir bauten Schneemänner, entwarfen Iglus, verewigten uns als Schneeengel und kamen Stunden später mit roten Wangen und strahlenden Augen zum heißen Kakao und Muckefuck nach Hause. Klamottentechnisch waren wir für derartige Schnee- und Eisexpeditionen bestens gerüstet. Der gefütterte Ganzkörperanzug, vorzugsweise in hellen Grellfarben, stellte die Basis. Dazu gab es die Wollmütze mit ausgeschnittenem Gesichtsfenster und verlängertem Hals. Der absolute Geheimagentenkniff in unserer Ausrüstung waren die Handschuhe, die mit einem Strick durch die Ärmel und hinterm Rücken miteinander verbunden waren. Durch diese technische Raffinesse wurden die Handschuhe auch nach stundenlangem Toben, nass am Ärmel baumelnd wieder mit nach Hause gebracht. Derart präpariert ging es auch zum Skifahren. Als laufender, aber bunter Meter schoben wir uns in der Loipe vorwärts. Todesmutig und sicher eingeklemmt zwischen den Beinen von Papa meisterten wir unsere ersten schwarzen Pisten, oder zumindest vorerst das wacklige Stehen auf diesen langen Holzbrettern. Die Winter in unserer Kindheit waren weiß. Natürlich! Wie sonst hätte der Weihnachtsmann mit seinem Schlitten die Geschenke bringen sollen.

Oh du fröhliche

Mit Weihnachten war das so eine Sache. Dieses ganze Fest knisterte vor Aufregung und Spannung, das spürten wir relativ schnell. Die ersten zwei Jahre war Weihnachten eine einzige große, glitzernde Kugel am mit Lametta behangenen Baum. Später kam dieser unglaublich große Mann mit langem Bart und rotem Umhang ins Spiel, der einen riesigen Sack voller Geschenke dabei hatte. Bei allem Respekt für die Mühe der liebevollen Verwandten und Nachbarn, die für uns Dreikäsehochs an Heiligabend den Weihnachtsmann geben mussten, so war uns der Mann doch lange Zeit unheimlich und suspekt. Aber bald hatte auch uns der Zauber der Weihnacht befallen und wir fingen an, fantasievolle Wunschzettel zu malen und singenderweise festzustellen, wie oft wir noch wach werden müssten, bis der große, rote Mann endlich wiederkam.

Bringt Hausschuhe und gute Laune mit

Wichtiger noch als die Tatsache, beim Brennball als einer der Ersten in die Mannschaft gewählt zu werden, waren die Einladungen zu den angesagtesten Geburtstagsfeiern im Freundeskreis. Die Plätze waren je nach Räumlichkeiten und Sympathien begrenzt. Und dann stand da ja noch die eigene große Feier an. Bereits Wochen vorher wurden liebevolle Einladungen eigenhändig gebastelt und verheißungsvoll an die glücklichen Empfänger übergeben. Meist waren das Mitbringen

Bist du der Weihnachtsmann?

Unser liebstes Märchen –
Drei Haselnüsse für Aschenbrödel.

Von Prinzen und Aschenbrödeln

von Hausschuhen und gute Laune erwünscht und im Gegenzug sollten alle Partymäuse am Abend auch von den eigenen Eltern sicher nach Hause gebracht werden. Neben den kulinarischen Versprechungen kam es vor allem auf das Unterhaltungsprogramm bei derartigen Veranstaltungen an. Die Klassiker Topfschlagen, Stuhltanzen und Blinde Kuh wurden von Mutti mit kleinen liebevollen Geschenken kindgerecht aufgewertet, sodass am Ende nicht nur das Geburtstagskind reich beschenkt wurde. Bei dem Versuch, mit Handschuhen, Mütze, Schal und Besteck eine Tafel Schokolade zu essen, quietschten wir jedes Mal vor Vergnügen. Die Höhepunkte der gelungenen Feier erzählten wir abends aufgeregt plappernd unserem neuen Kuscheltier, einem Affen, der uns noch jahrelang ein treuer Begleiter sein würde. Der Affe kam von Oma und die hatte ihn extra aus'm Westen für uns mitgebracht. Mit dem Klassenfeind im Arm schliefen wir beseelt ein.

Gab es etwas Schöneres, als es sich an einem kalten Tag auf dem Sofa gemütlich zu machen, an einer Bratzelbemme mit Butter zu knabbern und zuzusehen, wie Aschenbrödel mit Schuh und Prinz am Ende in den Sonnenuntergang reitet? Die Rollen beim Fasching waren lange Zeit streng verteilt – die Jungs kamen als Prinzen, während alle Mädchen das schöne Aschenbrödel sein wollten. Dank einer äußerst erfolgreichen Zusammenarbeit mit unseren tschechoslowakischen Nachbarn auf dem Gebiet der Märchenverfilmung gab es wundervolle Märchen auf allen Kanälen. Und wenn sich die ganze Familie am Samstagnachmittag zur Flimmerstunde vor dem Fernseher versammelte, dann klebten wir entweder an der goldenen Gans des Dümmlings fest, lauschten dem singenden klingenden Bäumchen, schlugen mit dem kleinen Muck die Hacken zusammen oder versuchten mit des Müllers Tochter, Stroh zu Gold zu spinnen.

Das lange Warten auf die Kultpappe

Während in der Bundesrepublik der VW-Käfer Erfolge feiert, kämpft der Osten in den Fünfzigern mit Materialknappheit und unzureichenden Produktionsstätten. Im unbeirrbaren Willen, wirtschaftlich mit dem Westen mitzuhalten, gibt das Politbüro 1954 einen neuen, preiswerten und robusten Kleinwagen in Auftrag. Der Produktionsstart wird symbolträchtig für den 7. November 1957, dem 40. Jahrestag der russischen Oktoberrevolution, angesetzt. Und so rollt der erste robuste Kunststoff-Kleinwagen des Herstellers VEB Sachsenring Automobilwerke Zwickau unter dem Namen Trabant P50 mit 23 PS vom Band. Weil Tiefziehblech zu teuer und ein Westimport ist, bekommt der Trabi eine serienmäßige Kunststoffkarosserie und den Beinamen Rennpappe. Angebot und Nachfrage geraten auch bei diesem Ost-Prädikat schnell ins Ungleichgewicht. Insgesamt werden rund 3,7 Millionen Trabis produziert, die sich 1988 auf etwa 16,6 Millionen Einwohner verteilen. Praktisch jeder DDR-Bürger hat mit Erreichen des 18. Lebensjahres eine PKW-Be-stellung laufen, denn dem Kauf eines Pkw geht eine Bestellung voraus, an die sich eine langjährige Wartezeit bis hin zur Zuteilungsreife anschließt. Da eine Bestellung sich über mehr als zehn Jahre hinzieht, ist das letztendlich ausgelieferte Modell wahrscheinlich bereits ein Typ der nächsten oder sogar der übernächsten Modellgeneration. Ein geäußerter Farbwunsch gilt als durchweg unverbindlich und man tut gut daran, nach zehn bis fünfzehn Jahren Wartezeit zu nehmen, was man bekommt. Und wer hätte sich zwischen Delfingrau, Ahorngelb oder Sumpfgrün schon entscheiden können. Ein einmal ergatterter Trabant erweist sich als sichere Geldanlage, da aufgrund der extremen Wartezeiten auch ein mehrere Jahre alter Wagen auf dem Gebrauchtmarkt noch zum Neupreis wiederverkauft werden kann. Ihren offiziell bestellten Trabi fahren die wenigsten und nicht selten fällt das Datum der geplanten Auslieferung ins Jahr 1991, wo im April bereits die letzte der robusten Rennpappen vom Band rollt.

Die Farbpalette des Trabant war nicht so üppig.

Sandmann, lieber Sandmann.

wie an jedem Abend schickte uns der Sandmann mit einer Hand voll Schlafsand und einem „Schlaf recht schön" ins Reich der Träume. Tagsüber erfreuten sich vor allem sportliche Wettkampfsendungen bei Jung und Alt großer Beliebtheit und so fieberten wir jedem Sonntagvormittag entgegen, wenn es wieder hieß: „Wir laden euch heut alle ein. Mach mit, Mach's nach, Mach's besser". Unsere Freunde der Postsandmannphase hießen Pittiplatsch und Schnatterinchen, Herr Fuchs und Frau Elster und natürlich Clown Ferdinand. Unsere Helden der ersten eigenen Revolution waren die Mitglieder der Olsenbande. Wieder und wieder versuchten wir mit den drei dänischen Panzerknackern Egon, Benny und Kjeld den ganz großen Coup zu landen, doch sie saßen am Ende wieder hinter schwedischen Gardinen. Aber schon nach der nächsten Dixieland-Titelmelodie konnte uns der soeben entlassene Egon Olsen mit Zigarre und Melone von seinem neuesten Plan über-

Egon, Benny und Kjeld –
Unsere Helden der Olsenbande.

Unsere Helden
in Schwarz-Weiß

Als Erstes zog uns ein kleines Männchen mit heller Knabenstimme und spitzer Mütze in seinen Bann. Jeden Abend bettelten wir wie alle Kinder um einen letzten Abendgruß, „bevor jedes Kind ins Bettchen muss". Und

zeugen und mit einem „mächtig gewaltig" waren wir wieder ein Teil der Olsenbande – damals wie heute.

Unsere Helden auf Vinyl

Das Unterhaltungsprogramm der heimischen Plattensammlung beinhaltete eine abwechslungsreiche Kinderabteilung aus dem Hause VEB Deutsche Schallplatten, die uns für Stunden unterhalten konnte. Und wenn die Nadel knisternd in die richtige Rille gesetzt wurde, dann lauschten wir dem Traumzauberbaum mit Reinhard Lakomy oder sangen mit Gerhard Schöne die Lieder aus dem Kinderland und übten so lange das Lied vom F-Tsch-Chqu-&%-Wumm-Apparat, bis wir es fehlerfrei mitsingen konnten. Dass die Jule sich nicht wäscht, war eine gemeine Unterstellung und führte namensbedingt immer wieder zu hänselnden Kinderchören, da Julia als Mädchenname in der Gunst werdender Mütter 1982 ganz weit oben stand. Herr Fuchs und Frau Elster begleiteten uns auch außerhalb der Mattscheibe und eine Schallplatte mit Geschichten aus dem Märchenwald durfte neben den obligatorischen Märchen in keinem gut geführten Plattenregal fehlen. Ein weiterer Klassiker und ein gern gehörtes Stück sozialistischen Realismus lugte ebenfalls mit rotem Cover überall hervor – Peter und der Wolf.

Ostsee oder Plattensee

Genauso wie die Winter noch weiß waren, gab es im Sommer Sonne satt. Alljährlicher Höhepunkt war der Sommerurlaub, der wahlweise an der Ostsee oder im Gebirge in östlicher Richtung zum Klettern verbracht wurde. In Zeiten ohne Internetbuchung und Hotelreservierung wurde der Trabi einfach bis unters Dach mit Zeltutensilien, Gaskocher, Tisch und Luftmatratze bepackt und das Kind für die lange Fahrt auf einer liebevoll hergerichteten Packunterlage aus Taschen und Decken gebettet. Beim regelmäßigen Holpern des Kopfsteinpflasters verschliefen wir den größten Teil der Fahrt und blinzelten entweder kurz an der Grenze zur Passkontrolle, oder im gleißenden Sonnenlicht bereits dem zu

Ein Auszug aus der heimischen Plattensammlung.

Mit Kind und Kegel Im Urlaub.

Hause für die nächsten zwei Wochen entgegen. In eingespielter Teamarbeit wurde das große, rote Hauszelt aufgebaut und binnen kürzester Zeit von Mama liebevoll zu einem Zuhause auf Zeit hergerichtet. Die Tage verflogen herrlich sorglos mit Schwimmen, Klettern, Lagerfeuer, Sandburgenbauen und Kartenspielen. FKK war in unseren Augen das Normalste der Welt und es gab nichts Lustigeres, als Mama mit den eigenhändig gesammelten Quallen zu ärgern. Die architektonischen Herrlichkeiten von Budapest blieben uns als Kind eher verborgen, aber Dia sei Dank, können wir uns auch heute noch an Budapest in den 80ern und dem dazugehörenden Klamotten- und Frisurenstil erfreuen.

Unbeschwerte Stunden an der Ostsee.

Himmelfahrtskommando

Ausgerechnet am „Tag der sowjetischen Grenz-truppen" startet der 19-jährige Mathias Rust am 28. Mai 1987 in Helsinki mit einer einmotorigen Cessna 172 zu einer Friedensmission der anderen Art. Der Sportpilot überfliegt unbemerkt die Gren-ze zur UdSSR und nimmt Kurs auf Moskau. Wäh-rend Rust etwa 800 Kilometer sowjetischen Luft-raum durchquert, wird die kleine Cessna von MiG-23-Kampfflugzeugen eskortiert, doch Rust fliegt unbehelligt bis nach Moskau, dreht seine Runden über dem Roten Platz und kommt 18.40 Uhr neben der Basilius-Kathedrale zum Stehen. Die fliegerische Leistung von Mathias Rust findet weniger Beach-tung als die Tatsache, dass Rust mehrere hundert Kilometer durch sowjetischen Luftraum flie-gen konnte, ohne von der Luftabwehr abge-schossen zu werden. Knapp vier Jahre zuvor war ein südkoreanischer Jumbojet mit 269 Passagieren an Bord im sowjeti-schen Luftraum kompromisslos abge-schossen worden. Rust selbst landet im Gefängnis. Während er seinen Flug als Friedensbotschaft gewertet wissen will, sieht die russische Justiz das anders. Sie verurteilt Rust wegen ille-galem Grenzübertritt und Gefähr-dung der Luftsicherheit zu vier Jahren Arbeitslager. Kreml-Chef Gorbatschow nutzt die Pleite der Luftraumüberwachung, um sich von einigen hochrangigen Hard-

linern zu verabschieden, die sich der Perestroika widersetzen. Während Rusts Eltern ein passables Geschäft mit der Vermarktung des spektakulären Fluges machen, bemühen sich deutsche Politiker erfolgreich um die Freilassung des jungen Mannes. Am 3. August 1988 landet der vorzeitig entlassene Mathias Rust wieder in Frankfurt, diesmal allerdings mit einer Linienmaschine.

Ein spektakuläres Bild von einem spektakulären Ereignis.

21

Sozialistische Wohnkultur.

Alles Platte

Die namensgebenden Platten im Plattensee gab es bekanntlich gar nicht, auch wenn wir in wiederholten Tauchgängen immer wieder danach gesucht haben. Nach dem Urlaub kehrten wir größtenteils wieder in unsere ganz persönliche Platte zurück. Für das richtige Gemeinschaftsgefühl waren die „formschönen und architektonisch wertvollen" Kästen auf jeden Fall von Vorteil. Wer hier individuell aus der Reihe fallen wollte, setzte voll und ganz auf ausgefallene Türvorleger und Gardinen. Aus der Verlegenheit mangelnder Privatsphäre wurden Wohnparteienfreundschaften. Die

Bezeichnung „Mein Block" weckte den Plattenstolz in jedem von uns. Ein Aufzug war Fluch und Segen zugleich. Wenn die schnieke Platte ohne Aufzug daherkam, wohnte man natürlich im fünften Stock, aber das regelmäßige Steckenbleiben in den vorhandenen Aufzügen stärkte nicht gerade unser Vertrauen in die für die Ewigkeit gebauten Mehrfamilienhäuser des Ostens. Dass die Ewigkeit manchmal schneller zu Ende ist, als man denkt, sehen wir heute, wenn die gute alte Platte einem Parkplatz gewichen ist, oder der Löwenzahn in unserer alten Stube wächst.

Nicht von Pappe

Auch wenn die sportliche Rennpappe in absoluter Monopolstellung in verblassten Primärfarben das Straßenbild prägte, war es keine Selbstverständlichkeit, zu den stolzen Besitzern zu gehören. Ein wenig Geduld und weise Vorausplanung musste der zukünftige Trabantfahrer schon mitbringen. Die aufwändige Herstellung und Verarbeitung der Hartpappe mit den technischen Raffinessen eines Choke- oder Reservehebels wollte wie jedes gut Ding Weile haben. Einmal vorschriftsmäßig bestellt, konnte man die durchschnittlichen zwölf Jahre Wartezeit in aller Ruhe mit dem Füttern des Sparschweins verbringen oder optimistisch im Farbkatalog zwischen Delfingrau, Nilbraun, Cliffgrün oder Ahorngelb wählen, auch wenn der Farbwunsch in letzter Instanz dem Zufall überlassen werden musste. 1980 bestellt, wurde die für 1991 geplante Auslieferung der eigenen Familienkutsche durch unvorhergesehene Umstände kräftig vor die Wand gefahren und korrelierte letztendlich eher mit dem letzten Trabi, der am 30. April 1991 in Zwickau vom Band rollte. Die langen Wartezeiten schufen einen regen Schwarz- und Gebrauchtwagenmarkt, führten aber auch dazu, dass ein gebrauchter Trabi deutlich teurer war als ein Neuwagen und teilweise horrende Preise unter der Hand bezahlt wurden. War man einmal durch einen Nacht-und-Nebel-Garagendeal doch noch vor dem Mauerfall in den Besitz eines Trabis gekommen, wurde die kantige Kultpappe wie ein neues Familienmitglied aufgenommen, gehegt und gepflegt und liebevoll mit einem Namen bedacht.

Unser treuer Gefährte.

Schule fürs Leben

Das 7. bis 10. Lebensjahr

Ab jetzt gehören wir zu den Großen

Mit durchschnittlich sechs Jahren ging für uns der vermeintliche Ernst des Lebens los. Aber vorher wurde groß gefeiert, mit der lang ersehnten Zuckertüte im Arm und in feinen Stoff gehüllt. Das selbst genähte Kleid kam von Oma und hatte lauter kleine Buchstaben und Zahlen auf dem blauen glänzenden Stoff. Damit ging es stolz wie Oskar zur feierlichen Schuleinführung. Der Inhalt der Zuckertüte hatte uns schon seit Tagen nicht mehr schlafen lassen. Wir wurden nicht enttäuscht und neben den nützlichen Schreib- und Malutensilien wurde uns der Start ins Leben mit Glücksperlen, Knusperflocken und Monchichis schmackhaft gemacht. Thomas aus der Nachbarschaft bekam eine Goofy-Stoffpuppe, die bereits oben aus dem Tüll der Tüte herauslugte. Die staunenden Fragen nach Goofys Herkunft wurden mit noch mehr bunten Glücksperlen im Keim erstickt. Ein paar von uns sahen Goofy später noch einmal in der Auslage des Intershops. Nach der großen Feier kam die schulische Pflicht und wir wollten von nun an gute Abc-Schützen sein. Neben dem Abc und dem Einmaleins lernten wir viele nützliche Dinge fürs Leben. Ein anständig durchgeführter Fahnenappell, ein beachtliches Repertoire an Liedern und das ordnungsgemäße Aufzeigen bei Redebedarf gehörten von nun an zu unserer manierlichen Ausbildung. Tafeldienst, Klassenbuchdienst oder Pausendienst – die Aufgaben und Pflichten waren klar verteilt und wurden stets mit Bienchenstempel belohnt oder Klassenbucheinträgen abgestraft. Wir lernten viel und hatten viele Fragen an diese neue Welt. Anfangs gingen wir sogar samstags in die Schule, um noch mehr zu lernen, oder um Sport zu

Chronik

1. Oktober 1988
Der Generalsekretär der KPdSU, Michail Gorbatschow, wird zum sowjetischen Staatsoberhaupt gewählt.

8. November 1988
George H. W. Bush wird zum 41. Präsidenten der Vereinigten Staaten von Amerika gewählt.

4. Juni 1989
In Peking richtet das chinesische Militär ein Blutbad unter Studenten an, die auf dem Platz des Himmlischen Friedens demonstrieren.

19. August 1989
In Sopron/Ungarn kommt es zur größten Massenflucht von Bürgern der DDR seit dem Mauerbau. Etwa 900 Menschen nutzen das vom Präsidenten der Paneuropa-Union, Otto von Habsburg, initiierte „Paneuropäische Picknick" zur Flucht über die grüne ungarisch-österreichische Grenze.

9. November 1989
Die Berliner Mauer fällt.

11. Februar 1990
Nelson Mandela wird nach über 27 Jahren aus der Haft entlassen.

2. August 1990
Der zweite Golfkrieg beginnt mit dem Einmarsch irakischer Truppen in Kuwait.

3. Oktober 1990
Die zwei deutschen Staaten werden wiedervereinigt.

28. Februar 1991
Mit Einstellung der Kampfhandlungen in Kuwait und dem Irak endet der zweite Golfkrieg.

12. Juni 1991
Boris Jelzin wird zum Präsidenten der sowjetischen Teilrepublik Russland gewählt.

17. Dezember 1991
Der russische Präsident Boris Jelzin und der sowjetische Präsident Michail Gorbatschow vereinbaren die Auflösung der UdSSR zum 21. Dezember 1991.

25. Dezember 1991
Michail Gorbatschow tritt zurück.

Rausgeputzt zur Schuleinführung.

machen. Das andere Geschlecht wurde zumeist noch als doof wahrgenommen und so blieben die Mädels beim Gummitwist und die Jungs beim Murmeln in den Pausen unter sich.

Herbst '89

Die erste Klasse war sowieso schon recht aufregend für uns. Doch nach dem obligatorischem Sommerurlaub an der Ostsee und den nunmehr täglichen Schulpflichten schien das Jahr 1989 für uns Kinder ein ganz gewöhnliches zu werden. Aber mit dem Herbst kamen die Unruhen. Immer öfter sickerten Informationen über Ausreise und Fluchtwellen durch. Wieder hatten es ein paar hundert Menschen geschafft, nach tagelangem Ausharren über die Bonner Botschaften in Prag und Budapest auszureisen. Die Nachrichten, kamen sie auch spärlich, wurden aufgesogen und analysiert. Und dann kamen die Montage. Im Herbst 1989 füllten sich die Straßen in Leipzig jeden Montagabend wie von Zauberhand und tausende Menschen zogen gemeinschaftlich durch die Leipziger Innenstadt. Von Woche zu Woche wurden es mehr Menschen und die Rufe wurden lauter. Auch in Dresden, Halle, Magdeburg und Karl-Marx-Stadt gingen die Menschen auf die Straße. Wir Kinder sahen die Demonstranten, die Wasserwerfer und die Plakate und wir hörten die Rufe „Keine Gewalt" und „Wir sind das Volk". Die Tragweite dieser historischen Situation sahen und hörten wir nicht. Wir hatten keine Ahnung von politischer Unterdrückung, Bespitzelung und dem Eingesperrtsein. Uns Kindern fehlte es an nichts. Und was wir nicht hatten, haben wir nicht vermisst, weil wir es gar nicht anders kannten. Aber an jenen Abenden im Herbst 1989 spürten wir, dass auf einmal noch viel mehr möglich war.

„Wir sind das Volk"

Die berühmten Leipziger Montagsdemonstrationen, die ein wesentlicher Bestandteil der Wende und damit der friedlichen Revolution 1989 waren, haben ihren Ursprung in der DDR-Friedensbewegung. Als Beginn der so genannten Montagsdemonstrationen gilt der 4. September 1989, als es im Anschluss an eines der traditionellen Friedensgebete in der Leipziger Nikolaikirche zu einer Ansammlung von etwa 1000 Menschen kommt, die in Anbetracht der Massenflucht von DDR-Bürgern vor allem Reisefreiheit fordern. Am 11. und 18. September versuchen die Sicherheitskräfte mit brutaler Gewalt und Verhaftungen, weitere Montagsdemonstrationen zu verhindern. Dennoch beteiligen sich am 25. September etwa 8000 Menschen an der Demonstration und ein neuer Ruf wird laut. „Wir bleiben hier" heißt die neue Parole derjenigen, die nicht fliehen, sondern die Republik verändern wollen. An den folgenden Montagen demonstrieren beide Gruppen gemeinsam für eine Veränderung der gesellschaftlichen Verhältnisse. Anfang Oktober haben sich die Montagsdemons-

Montagsdemonstration in Leipzig am 16. Oktober 1989.

Montagsdemonstration in Leipzig am 18. Januar 1990.

trationen längst zur Massenbewegung entwickelt. Nachdem sich am 2. Oktober erstmals etwa 20 000 Menschen beteiligen, kommt es erneut zu brutalen Ausschreitungen. „Keine Gewalt" ist zur übergreifenden Losung der Demonstranten geworden, denn die Angst vor einer gewaltsamen Reaktion der SED-Führung ist groß. Am 6. Oktober kündigt die SED-Führung in einem Zeitungsartikel an, die „Errungenschaften des Sozialismus" wenn nötig „mit der Waffe in der Hand" zu schützen. Der 9. Oktober wird daraufhin zum Wendepunkt der Montagsdemonstrationen. Trotz scharfer staatlicher Warnungen und der Angst vor einem blutigen Ende versammeln sich an diesem Montag so viele Menschen wie niemals zuvor auf den Straßen der Leipziger Innenstadt. Zwei Tage nach dem 40. Jahrestag der DDR stehen sich 70 000 Demonstranten und 8000 bewaffnete SED-Kader gegenüber. „Keine Gewalt" und „Wir sind das Volk" schallt es über den Leipziger Ring. Das massive Aufgebot an Sicherheitskräften greift angesichts der überwältigenden Menschenmassen und in Erwartung eines noch nie dagewesenen Blutbades nicht ein. Der Einsatzbefehl bleibt aus. Kein Schuss fällt. Die heimlich gedrehten Bilder aus Leipzig gehen um die Welt und der 9. Oktober wird zum Signal einer friedlichen Revolution im Herbst 1989, das den Bürgerprotesten in der DDR eine unaufhaltsame Dynamik verleiht und binnen weniger Wochen zum Sturz der SED-Diktatur führt. Bereits eine Woche später ziehen 120 000 Menschen durch die Leipziger Innenstadt und auch der Sturz Erich Honeckers am 18. Oktober bewirkt keine Abnahme der Demonstrationen. In strömendem Regen findet am 6. November mit 400 000 Demonstranten die gewaltigste aller Montagsdemonstration in Leipzig statt. Am 7. November tritt der gesamte Ministerrat unter Willi Stoph zurück, einen Tag später folgt das Politbüro der SED und am 9. November fällt die Berliner Mauer. Auch nach dem Fall der Mauer versammeln sich die Menschen montags auf der Straße. Bei den späteren Kundgebungen wird die Forderung für eine Wiedervereinigung Deutschlands laut, aber auch die Bestrafung der Schuldigen rückt mehr und mehr in den Mittelpunkt. Die Protestmärsche enden erst kurz vor den ersten freien und demokratischen Volkskammerwahlen im März 1990.

Der erste Blick auf das Brandenburger Tor aus dem westlichen Teil der Stadt.

Ein Donnerstag im November

Irgendjemand stammelte im Fernsehen einen Satz und plötzlich hieß es, die Grenzen seien offen. So richtig glauben konnte das wohl niemand. Wer nicht in Berlin war, war entweder auf dem Weg dahin oder verfolgte die Ereignisse vor dem Fernseher. Ein nicht enden wollender Menschenstrom schob sich durch die geöffneten Grenzschleusen in den westlichen Teil der Stadt. Wo man hinsah, lagen sich Menschen in den Armen, schüttelten Hände, winkten, tanzten und jubelten. Auf der Mauer rund ums Brandenburger Tor standen ratlose Grenzsoldaten, die nicht recht wussten, in welche Richtung sie schauen sollten. Wildfremde Menschen schenkten ein-

ander Geld und hießen sich willkommen. Ein surreales Spektakel. Wir Kinder schauten auf unsere Eltern, die sich in einer Art ungläubigen Freude befanden. Mehrere Millionen Menschen bahnten sich in endlos langen Lada-, Wartburg- und Trabikarawanen in den nächsten Tagen ihren Weg in den Westen. Manche Leute, die man nur vom Foto her kannte, standen nun auf einmal vor uns und wir bedankten uns artig für die geschickten Westpakete. Der Konsum hieß hier Kaufhof

Die Menschen strömen in den Westen.

Ratlose Grenzsoldaten.

Pfadfinder unter sich.

oder Supermarkt, die Regale waren bis zum Anschlag gefühlt, die Straßen hatten kein Kopfsteinpflaster und es gab anscheinend noch ganz andere Autotypen als bei uns. Die Grenzen blieben in den kommenden Tagen tatsächlich offen, demonstrieren gingen wir trotzdem weiterhin.

Im Osten nichts Neues

Die Mauer war weg, aber was bedeutete das eigentlich? Der Morgenappell an der gehissten Fahne fiel jetzt aus und statt Pflichtrussisch stand später Englisch auf dem Stundenplan. Die Aussicht, bald einer der Jungpioniere zu werden, stand allerdings auch nicht mehr zur Debatte, weshalb wir uns schnell in Sportvereinen oder bei den Pfadfindern versammelten. Die Menschen gingen weiterhin auf die Straße und formulierten ihre Forderungen gemeinsam. Vieles schien noch nicht geklärt und niemand wusste so richtig, wo es hingehen sollte. Nachdem der erste Kaufrausch infol-

ge von Begrüßungsgeld und überschwänglichen Beschenkungen vorbei war, kehrten alle wieder in einen Alltag zurück, der plötzlich keiner mehr war. Sichtbare Veränderungen hatten eher Symbol- als Wendecharakter. Vereinzelt wurden öffentliche Lautsprecher abmontiert, die uns zu jeder Umzugsparade mit Gesinnungsbekundungen beschallt hatten und auch die Fahnenhalter an den Häuserwänden blieben von nun an leer, rosteten verschämt vor sich hin und sammelten Lage um Lage Taubenkacke.

Von „Seid bereit" zu „Gut Pfad"

Ob uns Kindern nun das blaue Halstuch der Jungpioniere zierte oder das blau-gelbe Tuch der Pfadfinder am Hals baumelte, war uns ehrlich gesagt relativ schnuppe. Solange wir in Tipis schlafen konnten, unsere Würstchen am Lagerfeuer grillten und bei nächtlichen Schnitzeljagden durch den Wald stromern durften, war uns die Halstuchfarbe egal. Hier wie da hatten wir einiges zu versprechen, bevor wir das Halstuch überhaupt bekamen. Unsere Eltern und Mitmenschen sollten wir weiterhin ehren und achten und auch die von Ernst Thälmann geforderte Körperhygiene setzten wir trotz des Endes der Pionierorganisationen weiterhin fort. Für Frieden und Sozialismus waren wir fortan jedoch nicht mehr „immer bereit" und auch die Deutsche Demokratische Republik und die Sowjetunion schlossen wir nicht mehr in unsere Belobigungen mit ein. Von jetzt an hieß es eben für einige von uns „Gut Pfad" auf allen neuen Wegen.

Modische Mauerblümchen

Halstücher und Uniformen jeglicher Art konnten uns nicht mehr schocken, denn wir kannten sie alle. Andere modische Höhepunkte dieser Zeit schocken uns eher im Nachhinein durch ihre selbstverständliche Zurschaustellung. Vokuhila, Leggins, Batik, Klettverschluss und Neonfarben – um nur einige der modischen „must haves" zu nennen. Die Frisur, egal, ob Junge oder Mädchen, war praktisch und bequem und wurde meist in die Hände eines vertrauenswürdigen Familienmitgliedes gelegt. Leggins und Bodys waren im wahrsten Sinne unsere täglichen Begleiter und wir peppten diese sportliche Kombination wahlweise mit XXL-Batikshirt, Holzfällerhemd oder Jeansjacke auf. Beim Sport wiederum tauschten wir das eigentliche Sportdress gegen 'ne schnittige Radlerhose in dezenten Neonfarben und zogen stolz und hörbar den Klettverschluss unserer neuen Turnschuhe fester.

Leseratten und Lauschangriffe

Als sich die Zeit der allabendlichen Gute-Nacht-Geschichten und des gemeinschaftlichen Singens dem Ende zuneigte, schliefen wir immer öfter mit einem unserer Lieblingshörspiele ein oder griffen selber zu Buch und Taschenlampe. Von nun an verbrachten wir unsere Abende mit Tim, Karl, Klößchen und Gabi von TKKG, Benjamin Blümchen oder Bibi Blocksberg. Die Kinderbuchautorin Enid Blyton hatte uns lange Zeit fest im Griff. Unseren Ausweis für die Kinderbibliothek führten wir immer mit uns und die nette Bibliothekarin mit Nickelbrille kannte schnell unsere Namen. Während die Jungs mit Taschenlampe unter der Bettdecke mit den fünf Freunden auf Abenteuerjagd gingen, verbrachten die Mädels ihre Zeit mit Hanni und Nanni im Mädcheninternat Lindenhof. Den kleinen Vampir Rüdiger und seinen Menschenfreund Anton mochten wir sehr, aber zum Einschlafen war das definitiv noch zu gruselig. Und

Ein Fall für TKKG.

Unsere Hanni-und-Nanni-Sammlung.

Unser Lieblingsaußerirdischer
Panki aus Pankanien.

bevor der Planet Melmac explodierte und Alf bei Familie Tanner ins Garagendach krachte, hieß unser Lieblingsaußerirdischer noch Panki aus Pankanien und dessen Leibspeise waren keine Katzen, sondern Kastanien.

Durch die Zauberkugel ins Rampenlicht

Eine kunterbunte Kindersendung zog uns in den frühen 90ern in ihren Bann. Einmal schwupps durch die Zauberkugel und aus der kleinen Jennifer wurde 'ne Mini-Tina-Turner. Wenn Marijke Amado die Kids aus ihrem Mini-Lädchen auf die Bühne schubste, waren wir alle mit dabei und verfolgten mit gro-ßen Augen die Verwandlung vom schüch-ternen Oliver zur Rampensau im Goldanzug. Mit unseren Freunden übten wir im heimi-schen Wohnzimmer unseren eigenen ganz großen Auftritt, um die hochkarätige Jury

von unserem Starpotenzial zu überzeugen. Sich ein bisschen auf dem Teppich wälzen und geschminkt und aufgehübscht im Fern-sehen die Lippen bewegen – wir konnten uns wirklich nicht erklären, warum unsere Eltern die Idee nicht so prickelnd fanden. Also ver-folgten wir weiterhin gespannt die Karrieren anderer Halbwüchsiger und bauten uns unse-re eigene Zauberkugel aus Decken und Kar-tons im Zimmer. Am Ende sangen wir gemein-sam mit Marijke und den kleinen Stars die Moral von der Geschicht und alle waren Sie-ger, auch wenn einer nur gewinnen kann.

Alles streng geheim

Nach der Schule konnte uns nichts mehr zu Hause halten. Wir hatten Großes vor. Mit unseren engsten Freunden hatten wir gerade unseren eigenen Geheimclub ins Leben geru-fen Mitgliedschaft auf Lebenszeit, versteht

31

Die allseits beliebten Yps-Hefte ...

... mit den tollen und nützlichen Gimmicks.

kommen. Ohne unseren Geheimagentenausweis gingen wir nicht vor die Tür. Der Traum vom eigenen Baumhaus in unberührter Natur entpuppte sich bald als Wolkenkuckucksheim und so erklärten wir kurzerhand den Heuschober im Garten von Eileens Eltern zum neuen Clubhaus. Mit viel Schweiß und noch mehr Pizza richteten wir uns zwischen Paletten und Spinnweben unsere Zentrale ein und kamen uns unheimlich wichtig vor. Große Entscheidungen wurden am neuen Clubtisch getroffen, den wir kurzerhand aus dem heimischen Wohnzimmer entführt und nach feierlicher Weihe dazu erkoren hatten. Auch diverse Teppichläufer waren wie vom Erdboden verschluckt und wir mussten einige harte Elternverhöre über uns ergehen lassen, um die Beute zu verteidigen. Neue Mitglieder hatten es besonders schwer. Nach wahnwitzigen Aufnahmeritualen tagten wir wie die römischen Kardinäle und streckten am Ende den Daumen gen Himmel oder eben nicht. Der Höhepunkt war eine ganze Nacht in unserem mittlerweile recht gut ausgestatteten Domizil. Die Wolf- und Bärenangriffe der Nacht überstanden wir natürlich unbeschadet, dank unserer hervorragenden Ausrüstung, aber es sollte trotzdem vorerst die letzte Nacht gewesen sein.

Schneller, höher, weiter

Die Begeisterung für sportliche Wettkämpfe hatte die Umbruchzeit überlebt und die sportliche Herausforderung stand in der Schule immer noch hoch im Kurs. Es gab unzählige Möglichkeiten, sich mit seinen Mitschülern oder der konkurrierenden Schule zu messen.

sich. Und ein ordentlicher Geheimclub wollte anständig ausgerüstet sein. Ein eigenes Clubhaus, ein Schlachtruf, geheime Mitgliedskarten und natürlich ein aussagekräftiger Name. All das galt es in diesen Tagen zu organisieren. Die allseits beliebten Yps-Hefte mit den absolut nützlichen Gimmicks gehörten zu den festen Investitionen aus der eigenen Clubkasse, schließlich konnte ein echter Geheimclub nicht ohne professionelle Ausrüstung aus-

Das Jahr war klar unterteilt. Der Lauf in den Frühling eröffnete die sportliche Saison, dicht gefolgt vom Hochsprung mit Musik. Der Lauf in den Sommer diente als Vorbereitung für das alljährliche Sportfest der Leichtathletik und den Abschluss der jährlichen Freiluftaktivitäten bildete der Herbstcrosslauf. Motivierte Eltern schrien ihre Kinder Jahr um Jahr auf einer Woge von Anfeuerungen ins Ziel und wir trugen am Abend stolz unsere bunten Urkunden nach Hause.

Hort, Pfannkuchen und Plaste

Die Schule, vor allem aber die Zeit im Hort war eine schöne und unbeschwerte Zeit. Unsere Horterzieherinnen waren sowieso viel netter als unsere Klassenlehrer, denn sie wussten genau, wie sie uns die schulfreien Nachmittage versüßen konnten. Manchmal wollten wir uns nach dem bunten Rumgetobe gar nicht von unserer Hortgruppe trennen und trollten uns nur langsam nach Hause. Wir verpassten kein einziges gesellschaftliches Fest und waren für jeden Anlass bestens gerüstet und ausgestattet. Ob Fasching, Ostern, Muttertag oder Vatertag – dank unserer aufmerksamen Hortleiterinnen hatten wir jedes Mal kleine Geschenke und das passende Kostüm in petto. Zum Fasching waren wir Gespenster, Clowns, Cowboys oder kleine Teufel. Wir bastelten Teufelshörner aus Eierkartons, Clownsnasen aus Gummibällen und Feenhüte aus Zuckertüten. Die mutigen Jungs beeindruckten die Mädels beim Luftballon-Wettaufblasen und anschließend schlugen wir uns den Bauch mit Pfannkuchen voll. Und

Unsere sportlichen Erfolge schwarz auf weiß.

Alaaf und Helau im Schulhort.

Max und Moritz wollten wir alle mal sein.

nicht ohne seinen Bruder Elaste gibt und keinesfalls für das korrekte Wort Plastik verwendet werden kann.

Der Reklameschriftzug: Plaste und Elaste.

wenn wir Pfannkuchen sagen, dann meinen wir natürlich die herrlichen Berliner Pfannkuchen mit Konfitürefüllung und Puderzuckerhaube. Die Pfannkuchen-Krapfen-Berliner-Diskussion wird uns in späteren Jahren noch öfter an unsere Herkunft und die unbeschwerten Faschingsfeiern erinnern, genau wie die späte Erkenntnis, dass es das Wort Plaste gar

Vorgetreten: Zeugnisübergabe

Die Zeugnisübergabe war jedes Mal ein spannendes Ereignis. Die Stammfächer waren natürlich Lesen und Schreiben, Heimatkunde, Mathematik, Sport und Musik. Daneben wurden unsere Fähigkeiten ebenso in Nadelarbeit,

Werkunterricht oder Schulgartenunterricht auf eine harte Probe gestellt. Wir schnitzten Schlüsselanhänger, nähten unendlich viele Knöpfe auf irgendwelche Stofflappen und zupften versehentlich Möhren statt Unkraut aus dem schuleigenen Garten. Aufgrund unserer eigenen Leistungen waren die verteilten Noten mal mehr oder weniger überraschend. Der schriftliche Bewertungstext der Lehrer war meist elternfreundlich geschrieben und enthielt nur manchmal den einen oder anderen moralischen Zeigefinger. Die eigentliche Spannung lag jedoch in den vier so genannten Kopf- oder Stammnoten, die Betragen, Ordnung, Mitarbeit und Fleiß bewerteten. Ein wildes Pausen-Fangen-Spiel über Tische und Stühle konnte der ganzen Klasse schon mal die Betragensnote versauen. Zum Ende der vierten Klasse stand die erste wichtige Entscheidung unseres noch jungen Lebens an. Sofern der Versetzungsvermerk „versetzt" den erfolgreichen Abschluss bestätigte, hieß es jetzt: Welche weiterführende Schule soll es denn sein? Die Gemeinschaft der letzten vier Jahre trennte sich, und das neue Schuljahr versprach aufregend zu werden. Neue Schule, neue Lehrer, neue Fächer und vor allem viele neue Freunde.

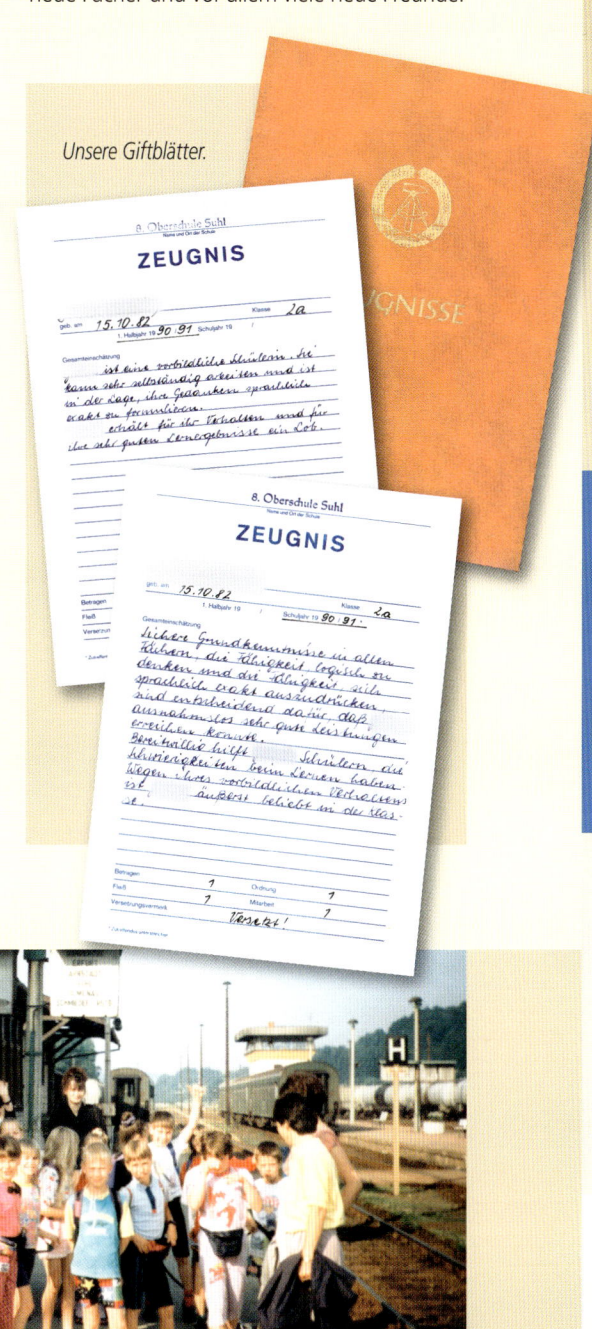

Unsere Giftblätter.

Auf Wiedersehen schöne Grundschulzeit.

Aus der Puppenstube in die Pubertät

Das 11. bis 14. Lebensjahr

Alles auf Anfang

Waren wir eben noch die Größten auf dem Schulhof und blickten lächelnd auf die Drittklässler herunter, wehte nun ein anderer Wind und trotz stolzer fünfter Klasse gehörten wir erst mal wieder zu den Babys auf dem Pausenhof. Allein die Wahl der Schule war eine schwierige. Einige von uns gingen auf Gesamtschulen, andere auf Realschulen und wieder andere aufs Gymnasium. Ungeachtet unserer persönlichen Fähigkeiten wollten wir natürlich mit unseren besten Freunden gemeinsam auf dieselbe Schule gehen. Die Enttäuschung über die Unmöglichkeit dieser frommen Wünsche führte zu ersten Rissen in unserer heilen Kinderwelt. Pünktlich zum Schulanfang standen wir jedoch alle auf unserem Platz, begrüßten unsere neue Klassenlehrerin und beäugten gespannt die neuen Mitschüler. Einige von uns bekamen sogar noch mal eine symbolische Zuckertüte für den zweiten großen Neuanfang in ihrer schulischen Laufbahn. Der Stundenplan wurde deutlich voller und abwechslungsreicher und auf einmal mussten wir sogar die Klassenräume wechseln, wenn wir unterschiedliche Fächer hatten. Und dann gab es da noch die Ankündigung einer Fahrt ins Schullandheim, die uns mächtig hibbelig machte. Die Zeiten, in denen wir uns zwischen den verschiedenen Tierköpfen der Pelikan-Füller nicht entscheiden konnten, waren eindeutig vorbei. Füller, Tintenkiller und Löschpapier waren längst nicht mehr so cool wie in der Grundschule. Einige Visionäre schrieben sogar schon mit Kugelschreiber.

Chronik

29. Juli 1992
Erich Honecker wird am Berliner Flughafen festgenommen.

3. November 1992
Bill Clinton wird zum 42. Präsidenten der Vereinigten Staaten von Amerika gewählt.

3. Januar 1993
Boris Jelzin und George Bush unterzeichnen in Moskau das START-II-Abkommen, das eine weitere drastische Verringerung der strategischen Atomwaffen vorsieht.

13. Januar 1993
Das Berliner Landgericht stellt das Verfahren gegen Erich Honecker aus gesundheitlichen Gründen ein. Der inhaftierte frühere Staats- und Parteichef der DDR wird aus dem Gefängnis entlassen und reist nach Chile aus.

26. Februar 1993
Bei einem Bombenanschlag auf das World Trade Center in New York sterben sechs Menschen.

8. April 1994
Kurt Cobain, Leadsänger der Gruppe Nirvana, begeht in Seattle Selbstmord.

9. Mai 1994
Nelson Mandela wird zum ersten schwarzen Präsidenten Südafrikas gewählt.

13. November 1994
Michael Schumacher gewinnt als erster Deutscher die Formel-1-WM.

15. November 1994
Der Bundestag wählt Helmut Kohl zum vierten Mal zum Bundeskanzler.

23. Januar 1995
Der Mordprozess gegen den Football-Star O. J. Simpson wird eröffnet. Am 3. Oktober wird Simpson vom Verdacht des Doppelmordes freigesprochen.

7./9. Mai 1995
Europaweit wird an das Ende des Zweiten Weltkriegs vor 50 Jahren erinnert. Erstmalig wird auch Helmut Kohl zu den Feiern eingeladen.

Erst kamen die Freundschaftsalben …

Meine Freunde

Was hat der Ronny von der letzten Bank wohl in unser Poesiealbum geschrieben und war es richtig, David Hasselhoff als Lieblingssänger anzugeben? Die Zeit der Freundschafts- und Poesiealben brachte viel Licht ins Dunkel und sorgte immer wieder für Überraschungen. Auch wenn wir es orthografisch alle unterschiedlich interpretierten, so war Spaghetti eindeutig unser Lieblingsgericht, dicht gefolgt vom guten alten Broiler. Die Kreativen umschifften die Rechtschreibhürde und bekannten sich zu Nudeln mit Tomatensoße. Unser Lieblingssportler war meist der eigene Sportlehrer. Das war zwar nicht besonders kreativ, aber taktisch klug, da auch die Lehrer, ob gewollt oder nicht, das Büchlein früher oder später in die Hand gedrückt bekamen. Im kindlich-sorglosen Alter wünschten wir uns bereits ein erfülltes Leben,

... und dann die Poesiealben.

ten ähnliche Geständnisse auf den folgenden Seiten. Die neue Generation der Freundschaftsalben waren die Poesiealben. Lieblingsfarbe, Hobbys und besondere Merkmale verloren schlagartig an Bedeutung. Jetzt waren Kreativität und Wortwitz gefragt. Lange Gedichte oder aufwändig verzierte Freundschaftsbekundungen machten das Album zu einem wichtigen Schatz, den wir stets mit uns herumtrugen und meist noch heute besitzen.

Mannschaftssport stärkt den Charakter

einen schönen Mann, süße Babys oder einfach nur einen guten Fernsehempfang. Wichtig war vor allem, wem man das Büchlein, in dem man um Sauberkeit bat und ansonsten mit dem Ende der Freundschaft drohte, als Erstes aufs Auge drückte. Denn wenn einer erst mal Michael Jackson, Nicole und die Prinzen zu seinen musikalischen Idolen erkoren hatte, folg-

Sofern wir nicht im Schülerchor, im Wendy-Fanclub oder in der Theatergruppe waren, galt unsere Leidenschaft dem Sport. Der soziale Aspekt der Charakterbildung hatte zwar keinen Einfluss auf unsere persönliche Sportwahl, nichtsdestotrotz waren die Mannschaftssportarten überaus beliebt. Einen Großteil unserer

11 Freunde sollt ihr sein.

üppigen Freizeit verbrachten wir in staubigen Turnhallen, auf Aschenbahnen oder auf dem Fußballplatz. Die jeweilige Mannschaft war für viele von uns die zweite Familie und so rammelten wir nicht nur vier Mal die Woche zum Training, sondern lernten auch am Wochenende gerne noch die eine oder andere Turnhalle der Umgebung im Wettkampf kennen. Unsere Eltern waren echte Fans. Sie feuerten uns aus voller Kehle an, beschimpften bei Gelegenheit den Schiedsrichter und Mama wusch klaglos die verschwitzten Mannschaftstrikots. Großer Beliebtheit erfreuten sich vor allem die Wochenendturniere, bei denen nach erfolgreicher Titelverteidigung der Rasenmeisterschaft beim nächtlichen Zelten auch erste zwischenmenschliche Kontakte erkämpft und verteidigt wurden.

Aktenzeichen XY – gelöst

Gut vier Jahre, nachdem die Stasi-Zentralen im Lande von Demonstranten gestürmt und besetzt wurden, tritt am 1. Januar 1992 das Gesetz über die Unterlagen des Staatssicherheitsdienstes der ehemaligen Deutschen Demokratischen Republik, kurz das Stasi-Unterlagengesetz in Kraft. Das Gesetz bietet den Opfern die Möglichkeit, Einblick in die über sie geführten Akten zu nehmen. Während die Menschen im Zuge der friedlichen Revolution 1989 für das Ende der SED-Diktatur auf die Straße gehen, setzt die SED mit dem Reißwolf bereits auf Schadensbegrenzung und Vertuschung. Um die drohende Vernichtung der Aktenbestände zu verhindern, besetzen die Demonstranten städteweit die Stasi-Bezirksverwaltungen, um das explosive Material zu bewahren. Vier Jahre später haben die Besetzer und Demonstranten von damals die Chance, das bewachte und beschütze Material zu sichten und die persönliche Vergangenheit zu verarbeiten. Für jeden Einzelnen bedeutet das, die Namen enger Freunde, Nachbarn oder gar der eigenen Familie auf Seiten inoffizieller Mitarbeiter oder Informanten zu entdecken. Nach langwierigen Diskussionen setzt das Gesetz vor allem einen Schlussstrich unter die Diskussion über die generelle Verwendung der Akten des Geheimdienstes der DDR. Der Wunsch nach einer Aufarbeitung der Stasi-Vergangenheit kommt von Seiten der ersten frei gewählten Volkskammer, ist damit nicht von westlicher Seite aufoktroyiert und hat berühmte Gegner zu bezwingen. Im Zuge einer friedlichen Wiedervereinigung und eines neuen Aufbaus plädieren Innenminister Wolfgang Schäuble, wie auch Bundeskanzler Helmut Kohl für eine Vernichtung der ungesichteten Aktenbestände. Neben einer Vernichtung der Akten wird auch eine zeitliche Sperrung der Bestände diskutiert. Beide deutsche Regierungen planen im Einigungsvertrag die Schließung der Akten für mindestens 30 Jahre. Aber für eine Vernichtung oder eine 30-jährige Sperrung der Aktenbestände sind die Menschen nicht auf die Straße gegangen und ein Jahr nach dem Mauerfall wird das Archiv der Stasi-Zentrale in Berlin erneut Schauplatz einer Hausbesetzung. Die einmonatige Besetzung und der Ruf der Opfer nach einem Stück später Gerechtigkeit wird letztendlich respektiert und die dauerhafte Öffnung der Stasi-Aufzeichnungen durchgesetzt. Die Zahlen der eingegangenen Anträge sprechen für sich. 682 000 Menschen wollen in den Jahren 1992 und 1993 einsehen, was die Stasi über sie gesammelt hat. Auch 20 Jahre nach dem Mauerfall ist das Interesse nach Aufklärung ungebrochen. Circa 90 000 Anträge erhält die verwaltende Birthler-Behörde pro Jahr. Viele Menschen finden erst Jahre später die Kraft, sich mit diesem Kapitel auseinanderzusetzen. Und dank eines beharrlichen und eisernen Kampfes für ein bisschen späte Gerechtigkeit haben sie alle die Chance, irgendwann einmal die Wahrheit zu erfahren.

Die äußerst lehrreiche und aufschlussreiche
Kategorie: Liebe, Sex und Zärtlichkeiten.

Absolute Pflichtlektüre – die BRAVO.

Liebe, Sex und Zärtlichkeiten

Als Kinder der Freikörperkultur wurden wir natürlich frühzeitig aufgeklärt und für alles, was ein wenig mehr ins Detail ging, hatten wir die üblichen pubertären Hilfsmittel. Unseren ersten Zungenkuss übten wir stundenlang an unserer eigenen geballten Faust und was dieses Wort Petting nun wirklich bedeutete, lasen wir in der BRAVO unter der Kategorie Liebe, Sex und Zärtlichkeiten nach. Und was wäre unsere mit Fragen überlastete Pubertät nur ohne Dr. Sommer gewesen? Keine Teenie-Träne, die Dr. Sommer mit ein paar wohlwollenden und weisen Worten nicht wieder trocknen konnte. Die ersten großen Schwärmereien waren meist weniger aus Fleisch und Blut, als vielmehr Woche um Woche um einen Teil erweiterbar, bis sie überlebensgroß von unserer Wand grinsten. Diese ersten Beziehungen waren zwar etwas einseitig, aber voller Liebe und Hingabe. Unsere Kinderzimmer tapezierten wir mit den Starschnitten unserer Idole und

Was uns sportlich bewegte.

versteckten auch noch den letzten Streifen Tapete hinter Ace of Base, Michael Jackson, Fast 17, Scooter oder den NKOTB. Als die Mädchen anfingen, den Nachnamen eines Jungen aus der Nachbarschaft oder der Parallelklasse in ihrem Tagebuch wieder und wieder vor sich hinzukritzeln und die Jungs auch mal ein Fußballtraining sausen ließen, kam nach und nach auch wieder mehr Tapete in unseren Zimmern zum Vorschein. Aber die Zeit der Postertapezierung war noch nicht ausgestanden. Was folgte, war die Ära der romantischen Schwarz-Weiß-Poster, auf denen sich eine Frau mit wallendem Haar an eine Palme gelehnt einem gut gebauten Mann hingibt. Das gleiche Thema in hundert Variationen – unsere Zimmer waren voller Liebe und triefender Romantik. Nachdem wir im echten Leben den Schock des ersten wirklichen Kusses mit Zunge überwunden hatten und beim zweiten Mal sogar das Ekelgefühl nachließ, begannen die wirklichen Probleme des Erwachsenwerdens, bei denen uns auch Dr. Sommer nicht mehr helfen konnten.

Willst du mit mir gehen?

Auch wenn in dieser speziellen Zeit unserer Entwicklung nicht wirklich viel Bestand hatte in unserem Leben, so stand doch eine Sache ganz klar fest – verliebt waren wir auf keinen Fall. Wir setzten aufwändige, schriftliche Verträge auf und schoben uns die alles entscheidende Frage, „Willst du mit mir gehen?", im Mathe- oder Deutschunterricht unter den Tischen zu. Im praktischen Multiple-Choice-Verfahren wurde um Antwort gebeten. Landete das Kreuzchen im Ja-Kästchen, dann ging man jetzt also offiziell miteinander, denn man war ja auch irgendwie ineinander. Das Wort verliebt war die

verbale Tretmine im pubertären Wortschatz und sowieso unglaublich peinlich. Wer war denn verliebt? Äußerlich völlig abgeklärt und gefühlt bereits volljährig, ging der Norman eine Weile mit der Friederike, die Judith war plötzlich in den Mathias und der Stefan wollte schon lange was von der Sandra. In einigen Cliquen war die Partnerwahl eine interne Angelegenheit und durch ein munteres Bäumchen-wechsel-dich-Spiel wurden viele Kästchen angekreuzt, bis man mit jemandem dann sogar fest ging.

Elternfreie Zone – Schullandheim

Für alle Lehrer eine Herausforderung, für uns Schüler sicherlich einer der Höhepunkte des Schuljahres – die Fahrt ins Schullandheim. Ziel und Umgebung – völlig egal. Wir wären auch eine Woche in die Kohlegrube eingefahren, wenn wir nur unsere gewünschte

Wir hatten viel Spaß im Schullandheim, nicht nur beim Tischtennisspielen.

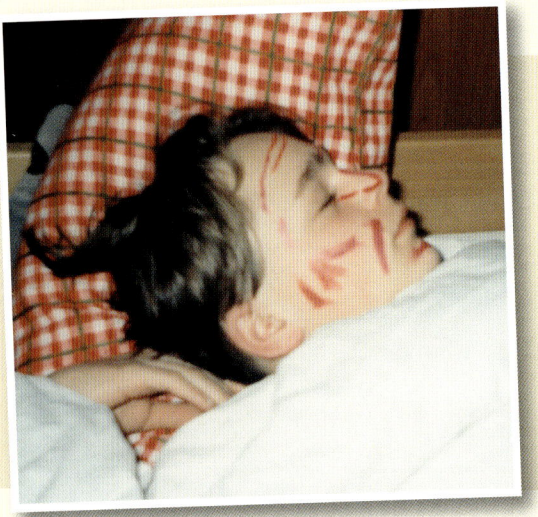

Das älteste Gesetz der Welt:
Wer einschläft wird angemalt.

Ich habe eine Wassermelone getragen

Es gab eine Postleitzahl, die wurde Mitte der Neunziger zur angesagtesten Adresse im Viertel und wir versammelten uns jeden Samstag an den Pforten von Beverly Hills 90210 und verbrachten unsere Nachmittage mit Brandon, Brenda, Kelly und Dylan. Der Traum vieler Mädchen, ein Austauschjahr an einer kalifornischen Highschool zu absolvieren, wurde an jenen Samstagen geboren. Später schauten wir auch im Melrose Place vorbei, aber unsere Topadresse blieb 90210. Überhaupt waren wir Mädchen in unserer Filmauswahl zu dieser Zeit bestens versorgt. Während die Jungs mit Rocky, Rambo und Terminator die Welt retteten, schämten wir uns immer wieder aufs Neue für den Satz „Ich habe eine Wassermelone getragen" und schmolzen bei „Mein Baby gehört zu mir!" reihenweise dahin. Wenn wir nicht gerade Patrick Swayze anschmachteten, träumten wir mit Pretty Woman das moderne Aschenbrödelmärchen und warteten auf den

Unsere Top-Adresse in den 90ern –
Beverly Hills 90210.

Zimmerbelegung bekamen. Tag für Tag wurde von unseren Lehrern ein schülergerechtes Unterhaltungsprogramm auf die Beine gestellt, um die Rasselbande angemessen zu bespaßen und sogar noch etwas zu lernen. Aber Goethes Wanderungen und poetische Schnitzereien in irgendwelchen Holzhütten, oder das neue Naturkundemuseum interessierten uns herzlich wenig. Der eigentliche Spaß spielte sich sowieso zu späterer Stunde und in aller Heimlichkeit ab. Beim Flaschendrehen schickten wir uns gegenseitig für zehn Minuten in den Schrank, während draußen alle gespannt lauschten, ob sich die zwei vermeintlichen Opfer zwischen Mänteln und Pullovern nun endlich innig küssen würden. Wir färbten uns heimlich die Haare mit Punkerfarbe, stellten uns bei Wahrheit oder Pflicht auf die Probe und gruselten uns beim nächtlichen Gläserrücken. Ungeschriebene Klassenfahrtsgesetze führten dazu, dass der eine oder andere mit Kriegsbemalung beim Frühstück zur allgemeinen Erheiterung beitrug und selbst die Lehrer sämtliche Augen zudrückten.

Unsere Aufnahme in den Kreis der Erwachsenen.

Geschafft, jetzt gehören wir dazu.

Ritter, der uns aus dem Turm befreit und mit uns in den Sonnenuntergang reitet. Ein höhenangstgeplagter Richard Gere, der uns auf der Feuertreppe erobert, hätte uns aber auch schon gereicht. Mit La Boum – Die Fete waren die Top-Drei-Pyjama-Party-Filme komplett und später ging die Fete sogar weiter.

Der Ungläubigen Weihe

Die DDR und ihre Traditionen hatten wir längst hinter uns gelassen, aber ein paar Feste hielten sich auch nach der Wende noch hartnäckig. Wir waren in einer Gesellschaft aufgewachsen, in der der überwiegende Teil der Menschen der Religion eher fern stand. In unserem Jahrgang äußerte sich diese Prägung in überfüllten Ethikstunden und einer Sondergenehmigung für einen einzigen Religionsschüler. Da der Kelch des Taufwassers an den Meisten von uns vorbeigegangen war, stand

auch eine Konfirmation nicht zur Debatte. Ein irgendwie geartetes Fest zur Feier des Erwachsenwerdens wollten wir uns aber dennoch nicht nehmen lassen. Also zelebrierten wir zum Abschluss der achten Klasse in großer Runde unsere Jugendweihe. Die städtische Philharmonie wurde geschmückt, die ganze Familie hatte sich fein gemacht, um den Geweihten die Ehre zu erweisen, und eine Band gab sich alle Mühe, hip und flott durchs Programm zu führen. Diverse zu lang geratene Reden sollten uns einiges an guten Ratschlägen mit auf den Weg geben. In einer endlosen Zeremonie wurde dann tatsächlich jeder Einzelne auf der Bühne per Handschlag zum halben Erwachsenen geweiht und trug sein zellophanumwickeltes Blümchen und den obligatorischen blauen Europa-Atlas von der Bühne. Das große Fressen entschädigte dann auch die weit gereisten und gelangweilten Verwandten und zur Feier des Tages perlte sogar ein wenig Sekt im Orangensaft.

43

Mit dem Skoda nach Italien.

Friedhof der Kuscheltiere

Nachdem wir nun offiziell zum Kreis der Erwachsenen gehörten, wurde es höchste Zeit, die eigene Wohnsituation den neuen Umständen und Bedürfnissen anzupassen. Wie sehr hatten wir um jedes einzelne geplüschte Tier in unserem Privatzoo gekämpft, und immer wieder mit großen Hundeaugen unsere Eltern um das wirklich allerletzte Kuscheltier für unsere Sammlung angebettelt. Und so richtig leicht fiel uns die selbst gestartete Entrümpelungsaktion nicht, aber unser Kinderzimmer sollte endlich zum Jugendzimmer werden und dazu gehörte die Trennung von unseren knopfäugigen Gefährten. Unsere absoluten Lieblinge wurden natürlich gerettet, auch wenn sie für die neue jugendliche Optik von der Bettkante in den Schrank ziehen mussten. Der Rest wanderte mit uns zum örtlichen Flohmarkt und wir hofften wenigstens auf eine kleine finanzielle Belohnung für unseren Mut. Wir prüften jeden potenziellen Käufer auf seine Kuscheltiertauglichkeit und

legten vertrauensvoll einen passenden Namen für das erworbene Tier ans Herz. Der Verkauf des lila Pinguins scheiterte in letzter Minute an der Starrsinnigkeit eines kleinen Jungen, der dieses anmutige Tier tatsächlich Beppo nennen wollte. Das ging nun wirklich zu weit.

Ferne Länder

Unser neu erworbener Europa-Atlas erwies sich als Tor zu einer neuen Welt und die Möglichkeit, die abgebildeten Länder nicht mehr länger nur mit dem Finger zu bereisen, begeisterte uns. Viele der Orte, an denen wir die Sommer unserer Kindheit verbrachten, sahen wir so schnell nicht wieder. Erst viel später, nachdem der erste Durst nach fremden Ländern gestillt war, kehrten wir vereinzelt an diese Orte zurück und erinnerten uns an die vielen guten Stunden. Aber vorher verlagerte sich unser Blick nach Italien, Spanien, Portugal oder Frankreich. Mit neuen Pässen fuhren wir mit dem Skoda übern Brenner, streckten die Hand aus dem Auto und ließen uns die Freiheit durch die Finger gleiten. Statt Riesengebirge und Ostsee hieß es jetzt italienische Alpen und Atlantik. Schon bald wurde für uns Normalität, was für unsere Eltern lange Zeit unmöglich erschien. Nach den großen Ferien mussten wir unsere Ferienerlebnisse mal auf Englisch, mal auf Französisch unseren Mitschülern erzählen und wir staunten nicht schlecht, wie groß die Welt zu sein schien. Noch besser war es, wenn wir wegen eines verlängerten Urlaubes ein paar Tage in der Schule fehlten und mit aufregenden Geschichten zurückkamen. Wir sammelten Muscheln, Steine, fremde Münzen und Brieffreunde aus aller Herren Länder und markierten auf einer Weltkarte mit Stecknadeln unsere bereisten Ziele. Der erste Flug unseres Lebens war so aufregend, dass wir alle begeistert geklatscht haben, als der Pilot die Maschine sicher zum Stehen brachte. Heute ist es uns eher peinlich, wenn sich jemand derartigen Gefühlsausbrüchen in einem Flugzeug hingibt. Selbst vor dem großen Teich machten wir nicht Halt. Amerika war schwer im Trend und eine Reise ins Land der unbegrenzten Möglichkeit war in etwa der Heilige Gral der Sommerferien. Wir waren in einem Alter, wo alles nicht mehr nur geil, sondern im Falle von Amerika sogar mega- oder hypergeil war.

100 000 Quadratmeter Stoff dem deutschen Volke

Die Idee, den Reichstag zu verhüllen, kommt dem Künstlerpaar Christo und Jeanne-Claude bereits 1971, nachdem ein Freund aus Berlin den beiden eine Postkarte des Reichstages schickt, mit dem Vorschlag, diesen zu verhüllen. Christo hofft auf eine Realisierung des Projektes im Sommer 1973. Die Absicht, die zu dieser Zeit hinter einer Verhüllung des Reichstages steckt, ist es, ein Augenmerk auf die Ost-West-Beziehungen zu legen. Christo selbst hat durch seine Flucht aus Bulgarien eine tiefe Verbindung zum Eisernen Vorhang und sein erstgeplantes Projekt für Berlin, der „running fence" entlang der Berliner Mauer, ist bereits gescheitert. Aber auch die Verhüllung eines der historisch bedeutendsten deutschen Gebäude stößt auf wenig Gegenliebe. Berühmte Gegner sind sowohl Helmut Kohl als auch Wolfgang Schäuble, die eine Verhüllung eines der wichtigsten deutschen Symbole als Kränkung ansehen und ihre Zustimmung verweigern. Die Wiedervereinigung weckt in dem Künstlerpaar neue Hoffnungen, die geplante Verhüllung nun endlich in die Tat umsetzen zu können. Mit Unterstützung von Rita Süssmuth leisten Christo und Jeanne-Claude ganze Überzeugungsarbeit bei den Mitgliedern des Deutschen Bundestages, gehen von Büro zu Büro, schreiben an alle 662 Abgeordneten briefliche Erläuterungen, führen unzählige Telefonate und Verhandlungen. Am 25. Februar 1994 stimmen die Abgeordneten nach längeren und emotional geführten Verhandlungen in einer namentlichen Abstimmung ganz knapp mit 292 Jastimmen, 223 Gegenstimmen und neun Enthaltungen für die Verhüllung des Berliner Reichstags. Nach 23 Jahren Planung kann das Künstlerpaar mit der eigentlichen Arbeit beginnen. Die Verhüllung beginnt am 17. Juni 1995 und wird bereits am 24. Juni abgeschlossen. Bei der Montage der über 100 000 Quadratmeter des aluminiumbeschichteten Polypropylengewebes, sowie der 15 600-Meter-Seile beteiligen sich 90 professionelle Kletterer und viele weitere Helfer. Der Abbau findet am 7. Juli statt. Gut fünf Millionen Besucher wohnen während der Aktion dem Spektakel bei.

Zum Abschlussball haben sich alle in Schale geschmissen ...

... und fast immer den richtigen Partner gefunden.

Kopf hoch, Brust raus und Bauch rein

So richtig cool war die angestaubte Tanzschule mit den schweren roten Vorhängen ja nicht, aber irgendwie kam die Zeit, in der es auf einmal unheimlich wichtig wurde, einen Disco-Fox oder einen Walzer halbwegs geradeaus aufs Parkett legen zu können. Ein menschliches Herdenverhalten bewirkte letztendlich, dass wir uns nahezu vollzählig, unter den strengen Augen des Lehrers im Takt wiegten. Unsere Leidenschaft galt selbstverständlich nicht nur dem Dreivierteltakt. Ein paar Wochen später galt es, auf dem großen Abschlussball eine gute Figur zu machen. Aber noch wichtiger war die Tatsache, neben wem man denn so eine gute Figur machen wollte. Jede Woche aufs Neue

hieß es nun, sich mit potenziellen Traumtänzern der Musik hinzugeben. Die zwangsläufigen Fußschmerzen wurden je nach Partner großzügig ignoriert oder mit Blicken abgestraft. Wer sich hier mit wem übers Parkett schaukelte, war durchaus nicht uninteressant. Einige der Paarungen schafften es nicht einmal bis zum großen Abschlussball und brachten am großen Abend mit ihren stolzen Müttern und Vätern das Parkett zum Glühen. Am Ende hatten wir alle einen schönen und glamourösen Abend und im Nachhinein betrachtet hatten unsere Mütter mal wieder Recht – eine flotte Sohle im richtigen Moment kommt immer gut an und sollte zum Repertoire gehören.

Kleine Monster

In unseren schicken Abschlussballroben waren wir Muttis ganzer Stolz. Im alltäglichen Leben konnten unsere Jeans nicht schnell genug an den richtigen Stellen aufreißen, sodass wir gelegentlich recht rabiat nachhalfen. Auch wenn wir uns nach der Schule gerade erst von unseren Freunden verabschiedet hatten, mussten wir die wirklich wichtigen Dinge im

Leben natürlich unverzüglich und ausführlich am Telefon noch einmal besprechen. Die hohe Telefonrechnung konnten wir uns gegenüber unseren Eltern natürlich auch nicht erklären, bis uns ein so genannter Einzelverbindungsnachweis der dreisten Lüge überführte. Unsere Haare wurden bunt, unsere Fingernägel schwarz und unsere Finger manchmal länger. Zeitschriften, Schminksachen oder CDs wanderten schon mal unbezahlt in unsere Taschen. Aber in den meisten Fällen wurden wir über kurz oder lang von einem grimmigen Kaufhausdetektiv absolut peinlich abgeführt und noch peinlicher unseren Eltern übergeben, sodass wir vom Klauen echt kuriert waren. Wir trafen uns auf Parkplätzen und hingen stundenlang in irgendwelchen Bushaltestellen rum. Wir rauchten die ersten Zigaretten, fanden es ekelig, rauchten aber trotzdem ziemlich cool weiter. Und jeder von uns hatte mindestens ein hochprozentiges Getränk, dessen Geruch allein die verschwommenen Erinnerungen an das Innere einer Kloschüssel hochleben ließ. Die lieben Kleinen waren durchaus auf dem Weg, kleine Monster zu werden, aber auch diese Phase ging irgendwann vorbei.

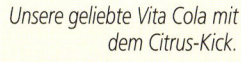

Unsere geliebte Vita Cola mit dem Citrus-Kick.

Damals wie heute hoch im Kurs – die Zetti-Produkte.

Ostalgie

Bevor der Kapitalismus die Ostalgie aus Kommerzgründen in aller Munde brachte, bekamen wir unsere ganz eigene Ostalgie. Im Kino lachten wir in „Go Trabi Go" über Familie Struutz und ihren Schorschl und dachten fast wehmütig an unseren eigenen treuen Gefährten. Unsere Vita Cola schmeckte auf einmal viel besser als Coca-Cola und nach einer langen Zeit des Herumnaschens landeten nun wieder Knusperflocken, Hallorenkugeln, Bambina und Russisch Brot im Einkaufskorb. Unseren Senf gaben wir natürlich weiterhin aus Bautzen oder Erfurt hinzu, ein halbes Hähnchen war nach wie vor ein Broiler, bei Halsschmerzen halfen Krügerol einfach am besten und der Spreewald stand damals wie heute für gute Gewürzgurken, Spreewaffeln und Kraut in allen Varianten. Wir waren die Generation Rotkraut und die Ketchup-Kinder und für ein gutes Käsebrot mit Ketchup würden wir jederzeit alles stehen und liegen lassen. Das Wissen um die Qualität einer hausgemachten Soljanka oder eines guten Letschos wird uns immer als Ossis enttarnen und einen Bananenwitz nach sich ziehen, fällt aber eindeutig unter die ausgeleierte Kategorie: Es war nicht alles schlecht im Osten.

Wenn wir mal groß sind, werden wir erwachsen

Das 15. bis 18. Lebensjahr

Hormone und andere Probleme

Wir waren also statistisch gesehen mittendrin in dieser Phase, die so abwertend Pubertät genannt wurde. Eine morgendliche Euphorie konnte bereits am Mittagstisch in tiefste Depressionen umgeschlagen sein. Es bedurfte nur einer winzigen Nuance, um unser hormongebeuteltes Universum ins Wanken zu bringen. Unser Körper machte sowieso, was er wollte und unsere Eltern hatten überhaupt keine Ahnung. Streng genommen hatten sie eigentlich meistens Recht, aber das wollten wir in dieser Phase nicht anerkennen und überhaupt brachte uns das nur noch mehr auf die Palme. Unser Zimmer durfte erst nach mehrmaligem Anklopfen und persönlicher Aufforderung betreten werden. Auf der Suche nach uns selbst schauten wir vor allem auf Gleichaltrige oder besser noch auf Ältere. Ein älterer Freund mit Moped, Bart und erwachsenen Lastern war schwer angesagt. Für die angehenden Frauen waren Jungs im gleichen Alter sowieso nicht diskutabel. Eine Auspuff-Brandwunde vom Höllengefährt des Angebeteten gehörte fast zum guten Ton und ein morgendlicher Moped-Shuttleservice zur Schule sicherte den ganz großen Auftritt und lautes Gegröle aus der Raucherecke. Der Motorradhelm wurde wie eine Trophäe den ganzen Tag durch die Schule getragen. Die große Liebe war das nicht, aber darum ging es in dieser Phase auch nicht. Wir schwänzten die Schule, zickten generell jeden Erwachsenen an und waren langsam auf dem Weg, selber einer zu werden.

Chronik

30. Juni 1996
Deutschland wird nach einem 2:1-Sieg über Tschechien zum dritten Mal Fußball-Europameister.

5. Juli 1996
Mit dem Schaf Dolly wird das erste geklonte Säugetier der Welt geboren.

31. August 1997
Lady Di stirbt nach einem Autounfall in Paris.

3. Juni 1998
Ein ICE entgleist bei Eschede und zerschellt an einer Brücke, 101 Menschen kommen ums Leben.

9. Oktober 1998
Gegen Bill Clinton wird aufgrund der Lewinsky-Affäre ein Amtsenthebungsverfahren eingeleitet.

27. Oktober 1998
Gerhard Schröder wird vom Bundestag zum siebten deutschen Bundeskanzler gewählt.

1. Januar 1999
Die Europäische Währungsunion tritt in Kraft.

24. März 1999
Die ersten Kampfflugzeuge der NATO heben zum Feindflug im Kosovo-Krieg ab.

1. Oktober 1999
Großbritannien verleiht Nordirland nach 27 Jahren britischer Herrschaft die Autonomie.

31. Dezember 1999
Boris Jelzin gibt seinen Rücktritt bekannt. Sein Nachfolger wird Wladimir Putin.

12. August 2000
Das russische Atom-U-Boot „Kursk" läuft in der Barentssee auf Grund. Erst aufgrund des öffentlichen Drucks nimmt der russische Präsident Putin am 16. August westliche Hilfe an. Am 21. August finden Taucher das Wrack in 100 Meter Tiefe vollständig geflutet. Keiner der 118 Seeleute hat überlebt.

18. Dezember 2000
Nach einer umstrittenen Wahl und einer erneuten Handauszählung der Stimmen in Florida wird der Republikaner George W. Bush zum 43. Präsidenten der USA gewählt.

Ein Freund mit Moped war schwer angesagt.

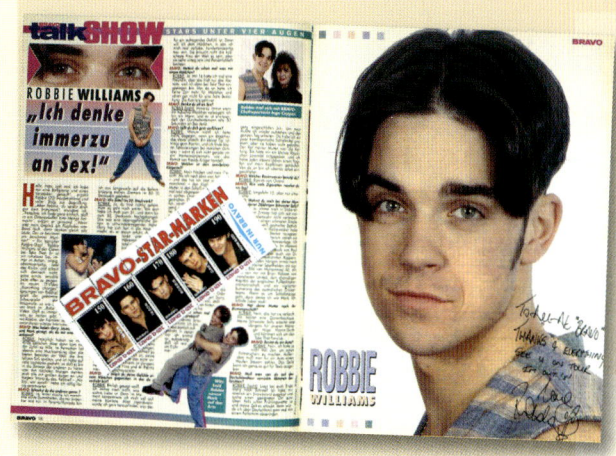

Die letzten Take-That-Fanartikel verschwanden aus unserem Zimmer.

Massenhysterie und Kollektivpanik

1996 ließ eine Verlautbarung aus der Popmusik die Eltern der Nation um das Seelenheil ihrer pubertierenden Kinder bangen. Der wohl bekannteste Kreisch-Faktor der Popgeschichte nach den Beatles gab seine Auflösung bekannt. Die Nachricht vom Ende von

49

Gemeinschaftliches Abhängen.

Treffpunkt: Skaterplatz.

Einfach mal gepflegt abhängen

In unseren Ansprüchen an unsere Freizeitgestaltung waren wir recht genügsam. Es reichte einer aus der Clique, der ein großes, gemütliches und vor allem ungestörtes Zimmer hatte. Das war in der Regel ein Dachboden, ein Keller oder 'ne Garage. Hier feierten wir Partys, hörten Musik, spielten Playstation oder hingen einfach nur ab. Wir waren 15 oder 16, unser Freundeskreis war unser Statussymbol und auf einmal standen wir mit der gepflegten Umgangssprache auf Kriegsfuß. Ohne erdenklichen Grund begann jeder unserer Sätze mit „Ey, Alter" und endete mit „voll krass, Alter". Trotz tausender willkürlich eingestreuter Wörter sank der Informationsgehalt unserer Dialoge rapide. Unseren Eltern brummelten wir meist nur ein schnelles „Bin weg" entgegen und verschanzten uns wieder bei strahlendem Sonnenschein hinter dicken Vorhängen bei psychedelischer Musik. Manchmal trafen wir uns einfach in der Stadt, um auch dort mal ordentlich abzuhängen. Ein alter Parkplatz mit zusammengezimmerter

Take That löste eine Massenhysterie unter den Fans aus, die bis zum drohenden Selbstmord einiger Mädchen führte. Sorgentelefone und Not-Hotlines mussten eingerichtet werden, um eine Kollektivpanik zu verhindern. Wir selbst waren natürlich längst aus unserer Boygroup-Phase herausgewachsen und die letzten Poster waren schon lange aus unseren Zimmern verschwunden. Und falls doch noch eine Take-That-Sammelmappe irgendwo in unseren Schubladen herumflog, dann trat sie spätestens jetzt den Weg in den Keller an.

Rampe und Basketballkorb war ein allseits beliebter Treffpunkt und bestens zum stundenlangen Rumlungern geeignet. Auch wenn die meisten den ganzen Tag ein Board herumschleppten und lässig an der Rampe lehnten, so waren doch die wenigsten wirkliche Lords of the Boards. Aber hier ging es um viel mehr als nur ein Brett mit Rollen. Die Skater oder Boarder waren eine stadtbekannte Clique von coolen Baggy-Jeans tragenden Typen und frechen Mädels. Daneben gab es noch die Punker, die den Platz um den Stadtbrunnen irgendwann in den frühen Neunzigern gepachtet haben mussten und täglich dort ihre Zelte aufschlugen. Bei einem Wechsel im Freundeskreis waren wir eher unkompliziert. Wir probierten selbst die eine oder andere Clique aus. Meist handelte es sich dabei um die Freunde des aktuellen Freundes oder der Freundin. Dem Schwarm zuliebe waren wir unglaublich wandelbar in unseren Hobbys, unserem Musikgeschmack, unseren Ansichten und natürlich auch unseren Outfits. Kein Style, den wir nicht wenigstens mal anprobieren konnten. Aber egal ob Raver, Hip-Hopper, Skater, Gangsta oder Punker – der Schlachtruf dieser identitätssuchenden Zeit lautete „Hauptsache dagegen" – darin waren wir uns alle einig.

Eine Rechtschreibung und viele Reformen

Kaum sind wir in der heißen Phase der Oberstufe angekommen und bereiten uns auf unser Abitur vor, heißt es auf einmal Ketschup und Schifffahrt und auf einmal soll die ungeliebte Orthografie viel einfacher werden. Was sich erst mal nicht schlecht anhört, wird zur absoluten Geduldsprobe für alle Beteiligten. Die Rechtschreibreform ist von Anfang an umstritten und große Zeitungen, Schriftsteller und Verlage boykottieren die neue Schreibe konsequent. Auf der Frankfurter Buchmesse 1996 unterzeichnen hunderte von Schriftstellern und Wissenschaftlern die Frankfurter Erklärung für einen Stopp der Reform. Nachdem die Verwaltungsgerichte im Laufe des Jahres 1997 unterschiedlich geurteilt haben, erklärt das Bundesverfassungsgericht am 14. Juli 1998 die Einführung der neuen Rechtschreibung per Kultusministererlass für rechtmäßig. Für uns und unsere Lehrer eine undankbare Situation, daher werden wir kurz und schmerzlos als Übergangsjahrgang bezeichnet und haben orthografisch gesehen die freie Wahl zwischen Delphin oder Delfin. Nach dem Abi heißt es für uns erst einmal „Nach uns die Sintflut", aber die Diskussionen um die Reform gehen in den folgenden Jahren unaufhörlich weiter. 2004 und 2006 wird das Regelwerk in besonders strittigen Punkten nochmals überarbeitet. Am 6. August 2004 erklären der Axel-Springer-Verlag und Der Spiegel sowie die Süddeutsche Zeitung ihre Absicht, zu den alten Schreibweisen zurückzukehren, was erneut heftige Diskussionen um die Reform nach sich zieht. Auf einem Treffen am 25. September 2004 beschließt die Kultusministerkonferenz mit großer Mehrheit, am Termin für die verbindliche Einführung zum 1. August 2005 festzuhalten. Nach wie vor wird die Rechtschreibung sehr uneinheitlich gehandhabt. Nur wenige Medien wenden alle Reformregeln vollständig an. Der überwiegende Teil arbeitet mit eigenen Hausorthografien, die Kompromisse zwischen reformierter und traditioneller Rechtschreibung sind. Im August 2007 einigen sich die deutschsprachigen Nachrichtenagenturen nach einer Kundenbefragung auf eine einheitliche Anwendung der neuen Regeln.

Im Frühtau zu Berge zogen wir los.

Die Feste, die wir feiern

Jedes Jahr zu Pfingsten scheiden sich die Geister. Auch wenn wir mittlerweile gut in westliche Gefilde integriert sind, gibt es gewisse Feierlichkeiten, die sich nur im Osten der Republik anständig zelebrieren lassen. Eine besondere Sause ist dabei der Vatertag, Herrentag oder einfach nur Männertag, der schon so lange wir denken können, von Jung und Alt gefeiert wurde. Mit Bollerwagen, Wanderhut, Liedgut und jeder Menge Alkohol bewaffnet, zogen wir Jahr um Jahr in aller Herrgottsfrühe los und wan-

Die Mädels mussten mal kurz verschnaufen.

Die Männer wollten hoch hinaus.

School's out, forever?

derten singend und grölend durch die Wälder. Ob Männlein oder Weiblein, spielte dabei keine Rolle. Mit Bollerwagen und Bier in der Hand waren wir doch alle gleich. Bereits auf dem Hinweg gab es immer wieder Verluste zu beklagen und der eine oder andere Gefährte blieb am Wegesrand zurück. Einmal oben angekommen, belohnten wir uns mit ausreichend Flüssignahrung und ein paar gepflegten Bratwürstchen. Der nachmittägliche Abstieg vom morgendlich erklommenen Berg wurde wahlweise torkelnd oder als letzte Station schlafend im Bollerwagen selbst zurückgelegt. Auf dem Rückweg wurden die morgendlichen Verluste am Wegesrand eingesammelt, womit auch die Frage des Bollerwagen-Verantwortlichen fürs nächste Jahr geklärt war. Diese Form der Begießung des männlichen Geschlechts mag dem einen oder anderen recht schlicht, gar primitiv anmuten, fällt aber eindeutig unter die Kategorie: Muss man dabei gewesen sein.

Für einige von uns hieß es nach der 10. Klasse school's out, forever, während andere nach den Sommerferien zwei weitere Runden auf dem Weg zur Reifeprüfung drehten. Lehre, Abitur, Ausbildung oder Studium, diese Fragen wurde an unendlich langen Berufsinformationstagen mit reichlich desinteressierten Jugendlichen besprochen und mit ordentlich Informationsmaterial unterlegt. Das Infomaterial landete ungelesen in der Schublade. Wir waren 16 Jahre alt, freuten uns wie kleine Kinder über Hitzefrei und unsere berufliche Zukunft bestand in der Regel in irgendeinem Kellner-, Promotion- oder Zeitungsjob, der unser Taschengeld aufbesserte. Der Sommer jedenfalls gehörte uns.

Der erste eigene Urlaub

Unsere Eltern planten ihren eigenen Sommerurlaub das erste Mal nicht nach dem Termin unserer Schulferien, denn wir brannten

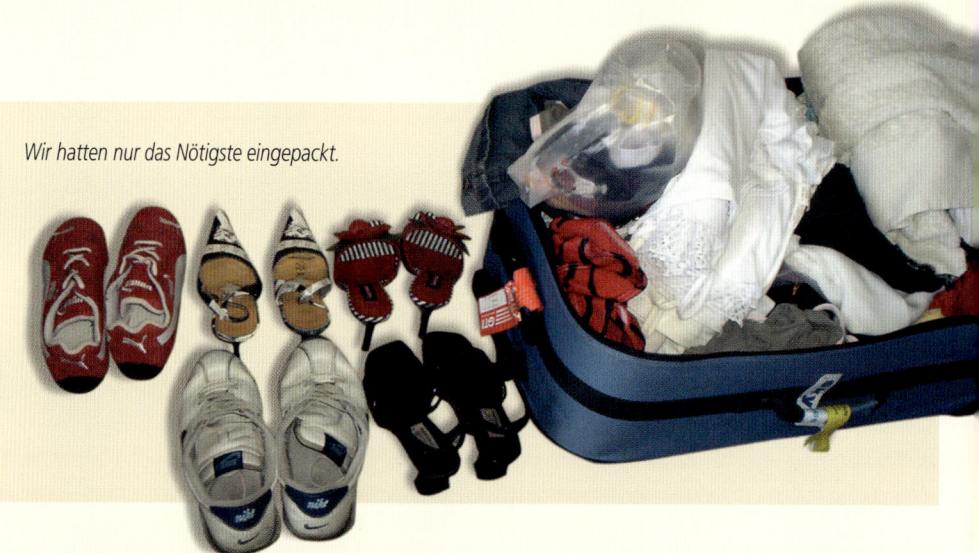

Wir hatten nur das Nötigste eingepackt.

Die wichtigsten Vorkehrungen waren getroffen.

bereits darauf, den ersten eigenen Urlaub ohne unsere Eltern zu verbringen. Sommer, Sonne, Strand und Meer oder einfach nur mit Zelt und dem Allernötigsten bewaffnet zum nächsten See – egal, Hauptsache ohne Eltern und völlig auf uns allein gestellt. Die guten alten Dosenravioli sicherten uns das momentane Überleben und konnten praktischerweise auch kalt verzehrt werden. Die Nächte feierten wir durch und tagsüber zogen wir uns die Decke bis zum Haaransatz, um den grellen gelben Ball am Him-

Dann kann's ja losgehen – Endlich Urlaub.

mel nicht sehen zu müssen. Wir bekamen Sonnenbrand, trotz mütterlicher Vorsorge und eingepackter Sonnencreme, fiese dröhnende Kater, trotz jugendlicher Voraussicht und Aspirin und hinterher 'nen dicken Rüffel, weil wir es in zwei Wochen nicht geschafft hatten, wenigstens eine Postkarte zu schreiben. In Zeiten guter alter Filmkameras warteten wir nach dem Urlaub mindesten eine Woche gespannt auf die bildlichen Beweise unseres ersten eigenen Urlaubs und das Abholen und Durchstöbern der Fotos war fast so schön wie der Urlaub selbst.

Die Oderflut

Ein Tiefdruckgebiet namens Zolska sorgt Anfang Juli 1997 für sintflutartige Regenfälle über dem polnischen und tschechischen Atlasgebirge. Am 10. Juli sind bereits weite Landesteile in Polen und Tschechien überflutet, über 30 Tote zu beklagen und mehrere tausend Menschen obdachlos. Während der gesamten Flut sterben in Polen und Tschechien mehr als 100 Menschen. Die Wassermassen rasen in Richtung Deutschland und erreichen am 14. Juli Frankfurt an der Oder. Als die Oder im Juli über die Ufer steigt, ahnt noch niemand, welch harte Bewährungsprobe vor der gesamten Region steht. Am 15. Juli steht der Landkreis Brandenburg unter Wasser und Zolska legt nochmals nach. Nach erneuten heftigen Regenfällen am 18. Juli rollt eine zweite Hochwasserwelle im Odergebiet an. Die Dämme weichen auf und können dem Druck trotz tausender Sandsäcke und Helfer nicht mehr standhalten. Erste Evakuierungen laufen auf Hochtouren. Am 23. Juli bricht der erste Deich unter dem Druck der Wassermassen zusammen. Auch ein zweiter Deich kann trotz des unermüdlichen Einsatzes tausender Helfer nicht mehr gerettet werden. Die Lage verschärft sich dramatisch und die zweite Oderflutwelle erreicht das Oderbruchgebiet. Alle Hoffnungen ruhen jetzt auf dem Deich von Hohenwutzen, der dem dicht bevölkerten Gebiet als letzter Schutzwall dient. 6500 Menschen müssen ihre Häuser verlassen, während die unermüdlichen Helfer im Dauereinsatz um die Deichverteidigung kämpfen. Durch die beispiellose Zusammenarbeit der Menschen kann eine der schlimmsten Katastrophen verhindert werden – der Deich hält. Anfang August sind die meisten Deiche

Gemeinsam gegen die Flut.

wieder unter Kontrolle. Die Pegel sinken nur langsam, aber mit jedem sinkenden Meter steigt das Ausmaß der Verwüstung. Über 30 000 Soldaten sind zwischen dem 18. Juni und dem 30. Oktober für den größten Katastropheneinsatz der Bundeswehr im Einsatz. Mehr als acht Millionen Sandsäcke werden vom THW, Bundesgrenzschutz, von Feuerwehren, zivilen Hilfsorganisationen und der Bevölkerung mit circa 177 000 Tonnen Sand und Kies gefüllt. Die gesamtdeutsche Anteilnahme ist überwältigend. Neben unzähligen freiwilligen und ehrenamtlichen Helfern aus der gesamten Republik löst die Jahrhundertflut eine bundesweite Spendenbereitschaft aus. Fünf Jahre nach der offiziellen Wiedervereinigung hat die Jahrhundertflut die Menschen auch emotional einander näher gebracht und im Kampf gegen eine nationale Katastrophe Hand in Hand arbeiten lassen.

Love-Parade – Mittendrin statt nur dabei.

Schulhierarchien

In der Schule gehörten wir nun offiziell zur Oberstufe. In unserem Fall bedeutete das, endlich den Umzug in das Haus der Älteren, weg von den Kleinen, zu denen wir sowieso nicht mehr gehörten. Aber ganz so einfach verlief der Umzug dann doch nicht. Ohne feuchtfröhliche Taufe mit Wasser, Mehl und Konfetti gab es kein Reinkommen in diese neue Gesellschaft. Natürlich rächten wir uns ein Jahr später in bewährter Tradition an der nächsten Generation, aber erst mal gehörten wir mal wieder zu den Kleinen. Die besten Plätze auf dem Pausenhof wurden standesgemäß von den Zwölfern besetzt und ein Platz an der Sonne war rar gesät in diesem ersten Jahr der Bewährung. Auch wenn wir außerhalb der Schule mit älteren Leuten verkehrten, herrschte in der Schule eine klare Trennung zwischen den Jahrgängen. Wer wollte in der Elften schon noch mit den Zehnt-klässlern rumhängen? Aber statt uns wie bisher mit Hunderten von Schülern in der hauseigenen Schulkantine verköstigen zu lassen, kauften wir uns lieber ein belegtes Brötchen und tranken einen starken Kaffee in der viel cooleren und exklusiven Cafeteria, wo die 12er am Nebentisch über die Führerschein-prüfung und Abiturfragen redeten. Wir hatten jetzt keine Fächer mehr, sondern Kurse und mussten uns für zwei unserer vermeintlichen Leistungskurse entscheiden. Hier trennten sich vor allem die Naturwissenschaften von den Sprachwissenschaften und unsere neu gewählten Leistungskurse begleiteten uns von nun an mehrmals wöchentlich bis zum Abitur. Jeder Leistungskurs stand außerdem für eine bestimmte Kursfahrt ins Ausland, deren Ziel dem Kurs entsprechen sollte. Der Englischkurs steuerte natürlich London an, für die Geschichtler führten alle Wege nach Rom und die Biologen verschlug es nach Dänemark – warum, weiß keiner so genau.

Friede, Freude, Eierkuchen

Der weltweite Frieden war uns wirklich ein ganz persönliches Anliegen und wie konnte man das gesellschaftlich besser zeigen, als mit hunderttausenden von Menschen, leicht bekleidet, von harten Bässen beschallt, durch unsere Hauptstadt zu zucken. Der Entschluss war schnell gefasst – Wir fahren nach Berlin zur Love-Parade. Nachdem wir das auch unseren Eltern verklickern konnten und tatsächlich in einem der Party-Busse gen Hauptstadt saßen, ahnten wir schon, worauf wir uns da eingelassen hatten. Techno war eigentlich gar nicht so unser Ding, aber für einen Tag ließen wir uns gerne von der Stimmung und gefühlten zwei Millionen Sonnenblumen und Trillerpfeifen tragen. Nach mehreren Stunden Technomarsch durch minütlich wachsende Müllberge und ein Spalier von urinierenden Menschen waren die mangelnden Wasservorräte unser größtes Problem. Als Durstlöscher war Alkohol irgendwie nicht geeignet. Wer hätte gedacht, dass Wasser bei einem stundenlangen Marsch bei 30 Grad so wichtig sein würde. Die Taschen voller Alkohol, ersteigerten wir an diesem Tag die teuerste Wasserflasche unseres Lebens. Zu unserem 24-Stunden-Love-Parade-Paket gehörte natürlich keine Übernachtungsmöglichkeit, also wurde die U-Bahn für ein paar erschöpfte Stunden unser Zuhause. Die Füße waren schwarz, die Strumpfhosen hatten Laufmaschen, die Haare klebten im Gesicht und dieses unangenehme Fiepen in den Ohren wollte einfach nicht nachlassen, aber wir schwärmten noch lange in den schillerndsten Farben von unserem Abenteuer Love-Parade.

Kurze Verschnaufpause nach stundenlangem Technomarsch.

Kohl wird nach 16 Jahren Bundeskanzlerschaft verabschiedet.

Das Ende der Ära Kohl

Als die 16-jährige Kanzlerschaft Helmut Kohls nach der Bundestagswahl 1998 endet, sind sich Gegner und Befürworter in einem Urteil einig – eine Ära geht zu Ende. Wie nur Konrad Adenauer vor ihm, hat Kohl in vier Legislaturperioden die Politik der Bundesrepublik Deutschland in Europa und der Welt geprägt. Am 1. Oktober 1982 wird Helmut Kohl im Rahmen des ersten erfolgreichen konstruktiven Misstrauensvotums in der Geschichte des Bundestages gegen den amtierenden Bundeskanzler Helmut Schmidt zum sechsten Bundeskanzler gewählt. Um den Makel seiner nicht aus normalen Bundestagswahlen hervorgegangenen Kanzlerschaft zu tilgen, stellt Kohl im Bundestag die Vertrauensfrage, in der Absicht, ein negatives Votum herbeizuführen und Neuwahlen zu ermöglichen. Mit 248 Stimmenthaltungen verweigert der Deutsche Bundestag dem Bundeskanzler das Vertrauen. Bei den Neuwahlen am 6. März 1983 erreichen CDU und CSU mit 48,8 Prozent das zweitbeste Ergebnis ihrer Geschichte und Helmut Kohl wird erneut zum Bundeskanzler gewählt. In den ersten Jahren seiner Amtszeit setzt Kohl den unter der Regierung Schmidt gefassten NATO-Nachrüstungsbeschluss gegen den Widerstand der Friedensbewegung durch. Am 22. September 1984 treffen sich Kohl und der französische Staatspräsident François Mitterrand, um gemeinsam der Toten der beiden Weltkriege zu gedenken. Das Foto ihres minutenlangen Händedrucks geht als Symbol der deutsch-französischen Aussöhnung um die Welt. Bei der Bundestagswahl 1987 wird Kohl im Amt bestätigt. Nachdem sich der Zusammenbruch der DDR abzeichnet, legt Kohl ohne vorherige Absprache mit dem Koalitionspartner und den westlichen Bündnispartnern am 28. November 1989 im Deutschen Bundestag ein Zehn-Punkte-Programm zur Überwindung der Teilung Deutschlands und Europas vor. Am 17. Januar 1991 wird Kohl zum dritten Mal und zugleich zum ersten Kanzler des wiedervereinigten Deutschlands gewählt. Die Bundestagswahl 1994 gewinnt die CDU nur knapp. Kohl wird erneut zum Bundeskanzler gewählt, aber die folgenden Jahre sind eher von außenpolitischen Erfolgen geprägt, während sich innenpolitisch Stagnation abzeichnet. Die Bundestagswahl 1998 gewinnt die SPD und mit Gerhard Schröder wird der dritte sozialdemokratische Kanzler Deutschlands gewählt. In der CDU-Spendenaffäre nach der verlorenen Bundestagswahl 1998 verschweigt Kohl die Herkunft eines Betrags in Höhe von eineinhalb bis zwei Millionen DM. Bis heute nimmt er keine Stellung zu diesem Thema. Aufgrund seiner Rolle in der CDU-Spendenaffäre muss Helmut Kohl auf den Ehrenvorsitz der CDU verzichten.

Eine Kursfahrt, die ist lustig

Statt ins nahe gelegene Schullandheim ging es für uns auf Kursfahrt ins Ausland. Der Teufel steckte in dem Fall nicht nur im Detail, sondern bereits im Namen, da unsere Lehrer versuchten, aus dem einwöchigen Trip eine pädagogische und lehrreiche Kursfahrt zu machen. Aber nicht mit uns. Bereits die zwanzigstündige Odyssee im Kaffeefahrt-Reisebus drohte im Koffein- und Testosteron-Rausch zu eskalieren. Der Vorteil am Älterwerden war eine stetige Veränderung der Lehrer-Schüler-Beziehung. Und so eine Kursfahrt brachte durchaus die eine oder andere sehr menschliche und tolerante Seite unserer Autoritätspersonen ans Licht. Aber ein bisschen Kultur für die obligatorischen Erinnerungsfotos ließen sich unsere Lehrer trotz heftigem Schülerprotest nicht nehmen. Für alle, die sich in den letzten zwei Jahren der englischen Sprache verschrieben hatten, bedeutete das Piccadilly Circus, Big Ben, Oxford Street, Buckingham Palace, Tower of London, Madame Tussauds, und das alles zu pfundigen Höchstpreisen im zackigen Vormittagsprogramm. Essenstechnisch hatten wir vorgesorgt und die nötigsten Utensilien zum Überleben auf Koffer und Zimmer verteilt. Wasserkocher und eine Palette 5-Minuten-Terrinen für das leibliche Wohl, löslicher Kaffee und diverse andere Hilfsmittel für lange und lustige Abende. Mehr als ein Guinness in irgendeinem Pub konnten wir uns sowieso nicht

Auf nach London.

Egal wie teuer, wir mussten alles ausprobieren.

Auf Tuchfühlung mit den Beatles.

Von politischen Schwergewichten und Schwerenötern

Politische Themen konnten uns in dieser Lebensphase nun wirklich nicht hinter dem Ofen hervorlocken. Natürlich waren wir nicht absolut unpolitisch. Die eigene Herkunft verpflichtete uns quasi zu einer eigenen politischen Meinung. Wir lehnten grundsätzlich und von vornherein alles ab, was nach Sozialismus, Russland oder Ähnlichem roch. Des Weiteren gab es linke und rechte Lager in den einzelnen Städten und Dörfern, die sich zusammenrotteten und manchmal mächtig Krawall machten. Bomberjacke, Springerstiefel oder bunte Haare und Pali-Tuch – so einfach war die Darstellung seiner Gesinnung in Modefragen. Aber die wenigsten standen auch politisch hinter ihrem Kleidungsstil. Es handelte sich eher um Phasen, die vom jeweiligen Freundeskreis bestimmt und gelenkt wurden. Das eigene Land war, seit wir wirklich klar denken konnten, in der Hand von Helmut Kohl. Unser Einheitskanzler und politisches Urgestein hatte seinen Platz als Kanzler der Bundesrepublik bereits im Jahr unserer Geburt eingenommen und seitdem beharrlich verteidigt. Die meisten von uns wussten gar nicht, dass der deutsche Bundeskanzler eigentlich nur für vier Jahre gewählt wurde und nicht automatisch eine 16-jährige Kanzlerschaft antrat. Bei den Wahlen 1998 durften wir unser Kreuzchen noch nicht abgeben, von daher hielt sich unser Interesse für Tagespolitik in Grenzen. Beim Blick über den großen Teich sahen wir den wichtigsten Mann der Welt, der sich in Fernsehansprachen um Kopf und Kragen redete und versuchte, die

leisten. Das Nachtleben unserer Gaststädte machten wir von daher eher passiv unsicher. Auf unseren Zimmern verfielen wir in alte, fast kindliche Verhaltensmuster und waren wieder die Kinder im Schullandheim, die sich in Decken einmummelten und mit ihren Freunden tratschten.

Zurück in der Schule reagierte unser Lehrer auf unsere Verspätung samt origineller Ausrede auf einmal nicht mehr so tolerant und einen Schwank aus seiner Jugend würde er wohl auch nicht mehr so schnell erzählen. Die Erlebnisse und Ereignisse der jeweiligen Kursfahrt wurden wie Legenden von Jahrgang zu Jahrgang getragen und auch unsere Kursfahrt ging mit ausgewählten Anekdoten in die Schulchroniken ein.

irgendwie geartete sexuelle Beziehung zu seiner Praktikantin zu erklären. Ein amerikanischer Präsident, eine Praktikantin, ein Blowjob und das Ganze im Oval Office des Weißen Hauses – ein Skandal im prüden Amerika, der zu einem Amtsenthebungsverfahren gegen Bill Clinton führte, während die Klischee-Praktikantin Monica Lewinsky in jede Kamera winkte. So richtig wichtig und ernst zu nehmen erschien uns die Politik wirklich nicht.

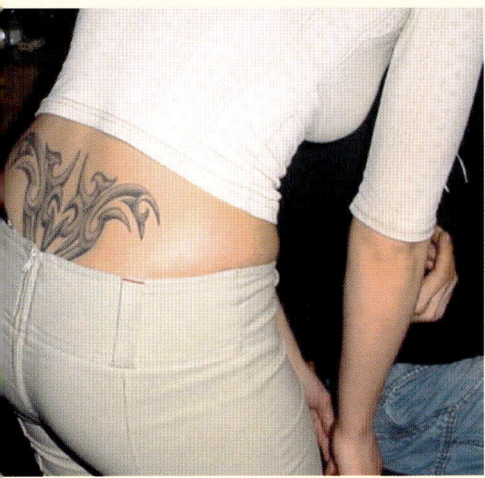

Ein Exemplar der Spezies Arschgeweih.

ab. Oder sie wackelten mit dem Hintern, während ein blitzender String und ein Geweih in Tribal-Optik ein durchaus passendes Duo abgaben. Die wirklich Harten unter uns ließen sich die Zunge piercen und rauchten trotz ärztlichem Verbot mit geschwollener Zunge ihre Zigarette. Neben der Vorliebe für Ozonschicht gefährdende Mengen von Haarspray standen diese Vertreter unserer Generation absolut auf und hinter ihren Buffalo-Boots mit den durchgängigen 15-Zentimeter-Plateausohlen und den alles verschlingenden Schlaghosen. Die damaligen Buffalo-Boot-Träger sind mittlerweile auf Augenhöhe zurückgekehrt, die ultra-tiefen Hüfthosen sind in puncto Stoff über den Venushügel hinausgewachsen, sodass Strings nur noch im richtigen Moment zum Vorschein kommen. Das Rudel der Arschgeweihträger ist lichtscheuer geworden und man sieht nur noch vereinzelte Exemplare herumspringen. Die Masse der Herde hält sich in Zeiten anderer Trends vornehmlich bedeckt oder wurde bereits durch einen Laser von einem Stück jugendlicher Euphorie befreit.

Bauchnabelpiercing oder Arschgeweih

Es war wie eine Epidemie, die die vornehmlich weibliche Generation schlagartig und reihenweise befiel. Obwohl sich die weiblichen Formen ober- und unterhalb des Bauchnabels in bester Entwicklung befanden, gab es auf einmal optischen Nachholbedarf im Lendenbereich. Reihenweise zückten die Mädels ihre sowieso schon bauchfreien Tops und lieferten eine funkelnde und glitzernde Nabelshow

Führerschein statt Monatskarte

Die Benutzung der öffentlichen Verkehrsmittel war nicht nur ziemlich uncool, sondern auf die Dauer auch ganz schön nervig. Also hieß es, so früh wie möglich mit dem Führerschein anfangen, sodass der begehrte Lappen, im besten Fall bereits zu unserem 18. Geburtstag, auf dem Gabentisch lag. Die Zeit der Fahrschule hatte begonnen und auf einmal stand an jeder Ecke und vor jeder Ampel ein

Fahrschulauto. Aber vor den ersten Fahrspaß hat die Fahrerlaubnisverordnung die graue Theorie gesetzt und so vergingen endlose Stunden mit Fragebögen, Lösungsschablonen und Vorfahrtsregeln. Bei maximal neun Fehlern war die erste Hürde genommen und wir wurden unter den strengen Blicken des Fahrlehrers auf den Straßenverkehr losgelassen.

Zeugen dieses verzweifelten Schauspiels. Aufgrund widriger und fremdbestimmter Umstände mussten einige von uns diesen Prüfungsnervenkitzel mehrmals über sich ergehen lassen, bis sie das Ticket zur Unabhängigkeit in den Händen hielten. Jetzt galt es nur noch, die zwei Jahre Probezeit zu überstehen und das Auto der Eltern bis zur ersten eigenen Karre möglichst unversehrt zu lassen.

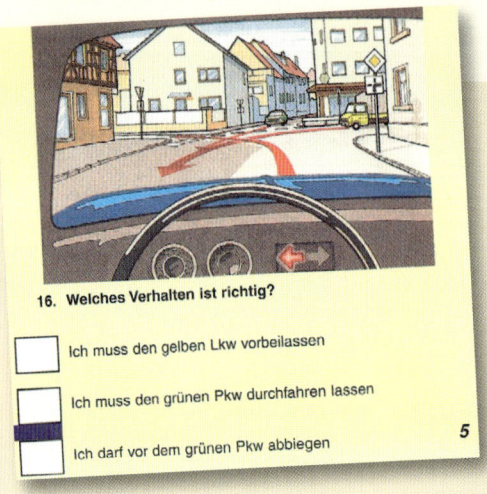

Vor dem Fahrspaß kam die graue Theorie.

Es musste nicht schön sein und durfte nicht viel kosten, das erste eigene Auto.

Die auffällige Plakatierung der Autos mit Fahrschulaufklebern und Markierung auf dem Dach war zwar unheimlich peinlich, verhinderte aber diverse Hupkonzerte an Ampeln, wenn das Gas-Kupplungs-Zusammenspiel noch etwas holperte. Irgendwann begriffen wir sogar, was der Fahrlehrer meinte, wenn er mit Engelsgeduld zum wiederholten Male erklärte, wir sollten die Kupplung langsam kommen lassen. Die eigentliche Prüfung war natürlich der Horror. Das allseits beliebte Seitwärtseinparken fand dann auch gerne mal zur Mittagspause vor dem Schulgebäude statt und mehrere ungebetene Zaungäste wurden

Endlich volljährig

Als wir eines schönen Tages erwachten, standen tatsächlich achtzehn Kerzen auf unserem Geburtstagskuchen, wahlweise auch achtzehn Bierflaschen von der nächtlichen Party, mit der wir die Volljährigkeit um Schlag Mitternacht begrüßt hatten. Und egal, ob Yes-Törtchen oder Sachertorte, das neue Jahrtausend begann mit unserer Volljährigkeit und die Welt stand uns offen. Die letzten Monate als Pennäler konnten wir uns durch selbstgeschriebene Entschuldigungen etwas verkürzen und aus unseren unentschuldigten Fehlstunden wurde immerhin ein entschuldigtes Fernbleiben vom Unterricht. Die letzten Jahre hatten eine verschworene Gemeinschaft aus den Schulfreunden von damals geformt und wir kritzelten uns gegenseitig die ersten wehmütigen Erinnerungen an diesen endenden Lebensabschnitt auf unsere Jahrgangs-Shirts. Der letzte gemeinsame Sommer wurde gefeiert, als ob es kein Morgen gäbe. Aber mit den ersten fallenden Blättern kam auch der Morgen und aus den überschwänglichen Abifeten wurden gedrückte Abschiedsfeten. Einer nach dem anderen packte seine Siebensachen und verließ die sichere Heimat. Die einen stürzten sich direkt ins Studium oder in die Ausbildung, die Jungs schwankten zwischen Bund und Zivi und andere zogen mit Stock und Hut durch die Weltgeschichte. Von Hotel Mama ging es in die erste WG, die erste eigene Wohnung, in die Stuben der Kasernen oder mit dem Schlafsack unterm Moskitonetz

Die Reifeprüfung war bestanden und das sollte jeder sehen.

rund um den Globus. Den Freunden und der Heimat eng verbunden, den Kopf voller Ideen und das Herz voller Fernweh, zogen wir lächelnd ins Unbekannte und in den nächsten Lebensabschnitt, der bereits auf uns wartete.

Ein letztes gemeinsames Gruppenbild.